성령의 권능을 받으라

성령의 권능을 받으라

초판 1쇄 발행 | 2021년 3월 23일

지은이 | 김호민
펴낸이 | 이한민
펴낸곳 | 아르카

등록번호 | 제307-2017-18호
등록일자 | 2017년 3월 22일
주   소 | 서울 성북구 숭인로2길 61 길음동부센트레빌 106-1805
전   화 | 010-9510-7383
이메일 | arca_pub@naver.com

홈페이지 | www.arca.kr
블로그 | arca_pub.blog.me
페이스북 | fb.me/ARCApulishing

책   값 | 뒤표지에 있습니다
ISBN | 979-11-89393-22-9 03230

아르카ARCA는 기독출판사이며 방주ARK의 라틴어입니다(창 6:15).
네가 만들 방주는 이러하니 ··· 새가 그 종류대로, 가축이 그 종류대로,
땅에 기는 모든 것이 그 종류대로 각기 둘씩 네게로 나아오리니 그 생명을 보존하게 하라 _창 6:15,20

아르카는 (사)한국기독출판협회 회원 출판사입니다.

닫히고 막힌 시대,
생존의 위기 상황을
돌파할 성도의 특권

성령의
권능을
받으라

김호민

아르카

책을 열며

한 번도 경험하지 못했던 코로나 팬데믹 시대의 신앙생활, 비대면 예배와 교회 좌석수 제한으로 하나님과 만나는 소중한 예배의 은혜를 마음껏 누리지 못하는 시대를 보냈습니다. 저는 이 기간에, 우리 교회가 앞으로 하나님의 자녀로서 승리하는 삶을 살려면 어떻게 해야 하는지에 대해 깊이 고민하게 되었고, 몇 가지 말씀이 제 가슴에 부딪히는 걸 느꼈습니다.

첫째는 성령 충만(행 1:8)입니다.
둘째는 말씀 충만(히 4:12)입니다.
셋째는 거룩함(벧전 1:16)입니다.
넷째는 내 십자가를 지고 주님을 따르는 것입니다(마 10:38).

우리가 성령님으로 충만하면 하나님의 능력이 함께 함으로 세상을 이기고, 나를(내 마음을) 이기고, 환경을 이기고, 악한 세력을 이기고, 영적 싸움에서 승리할 수 있습니다. 그러므로 우리는 성령의 충만, 즉 성령의 권능을 받아야 합니다.

예수님께서 승천하시며 우리에게 마지막으로 하신 말씀이 이것입니다. "오직 성령이 너희에게 임하시면 너희가 권능을 받고 예루살렘과 온 유대와 사마리아와 땅 끝까지 이르러 내 증인이 되리라 하시니라"(행 1:8).

내 생각과 힘으로는 험한 세상을 이기며 승리하는 삶을 살 수 없습니다. 승리하는 삶의 길은 오직 성령으로 충만하여 권능을 받는 것입니다. 그러면 나를 이기고, 세상을 이기고, 악한 세력을 이겨, 하나님의 자녀로서 승리하고 복음을 전하며, 온전한 제자로서의 삶을 살 수 있는 것입니다.

저는 구약과 신약을 통틀어 나오는 '권능'이라는 단어의 의미와, 성경 속의 인물들이 어떻게 권능을 받아 쓰임 받았는지를 살펴봄으로, 성도들이 점점 더 어려워지는 시대 속에서 승리의 길을 발견하기를 바라며 이 책을 썼습니다.

이 책을 읽는 독자들께서 성경에 나오는 '성령의 권능'을 쉽게 이해하여, 하나님께서 사용하셨던 모든 일꾼들과 같이 예수님을 온전한 주인으로 모시고, 성령의 권능을 받아 시대와 환경을 이기고, 복음을 전하며 승리하시길 기도합니다.

김호민 목사

누가가 강조한 성령의 권능을
우리도 받아야 한다

제가 이 책을 쓴 목적은 사도행전과 누가복음에 나타난 성령의 권능 (權能)에 대한 본문을 풀어 설명하여, 부활하시고 하늘에 오르신 예수님을 대신하여 제자들과 교회 공동체를 통해 일하시는 성령의 권능(권위 있는 능력)과 그 신학적 메시지를 밝히려는 것입니다.

누가가 복음서에 이어 사도행전을 기록한 중요한 동기는, 예수님의 복음이 예루살렘에서 시작하여 땅끝까지 전파되는 과정에서 천상(天上)의 예수님이 성령의 권능적 역사로서 인류 구원의 사역을 계속하고 계시다는 사실 때문입니다. 따라서 누가의 사도행전이 강조한 것은 우리가 성령의 권능을 받아 복음을 전하는 것이라고 할수 있습니다.

성경은 결코 형이상학적 상상의 산물이 아니며 또한 집단의 이익을 대변하는 이데올로기의 산물도 아닙니다. 각 성경의 저자에 따라 상황은 조금씩 달랐지만, '생존이냐 파멸이냐'라는 심각한 위기와 도전에 직면하면서 그 상황을 바르게 인식하고 대처하는 길을 제시하려는, 이른바 위기의 산물입니다. 그 안에서 제각각 개인과 공동체의 생존을 영구하게 이어가는 동력이 무엇인가를 말하고 있기에, 성경은 매우 실존적이며 계시적인 메시지인 것입니다.

====== **당신은 믿을 때에 성령을 받았습니까?**

이 책에서 다루는 성령의 권능은 주로 예수님의 부활과 승천 이후 사도행전에 기록된 중요한 사건들에서 나타난 것입니다.

하나님의 권능은 이스라엘 공동체 안에서 이미 구약시대부터 오랜 기간 존재해왔습니다. 그 권능은 유대 전통, 예언적 형식, 그리고 묵시문학을 통해 등장했습니다. 그리고 신구약 중간기를 거쳐 신약 시대에 이르기까지 지속되었습니다. 하지만 이처럼 연속적으로 나타난 권능의 사례들을 하나의 획일적 성격과 모습으로 규정할 수는 없습니다. 각각의 사건마다 차이점을 보이기 때문입니다. 권능이 나타날 때마다 보게 되는 변화의 차이는 각 권능의 배경이 되는 시기와 상황과 무관하지 않습니다. 즉, 권능 또는 권능의 나타남은 각 시대의 상황과 그 안에서 살았던 신앙공동체와 밀접한 관련성을 지닙니다.

그런데 오늘날에도 교회에서는 성령을 믿는다고 항상 말합니다.

하지만 "너희가 믿을 때에 성령을 받았느냐?"라는 사도 바울의 질문에 "아니라 우리는 성령이 계심도 듣지 못하였노라"(행 19:2)라고 대답한 에베소의 제자들처럼, 사실은 성령을 받지 못했지만, 아는 체만 하는 사람들이 상당히 많습니다.

에베소의 제자들이 세례 요한에 대해 들었다면 분명 성령에 대해서도 소문 정도는 들었을 것입니다. 하지만 그들은 구약에서 약속된 성령을 이제 그들도 받을 수 있다는 것과 성령이 자신들의 삶을 변화시킬 수 있다는 사실은 깨닫지 못했습니다. 오늘날 많은 교파의 신자들도 에베소의 제자들과 똑같은 상태에 있습니다. 누구나 성령에 대해 들어본 적은 있지만, 그저 교회 안에서 흔히 말하는 기독교의 전형적인 이야기로 치부해버리거나, 자신들처럼 평범한 사람에게는 해당되지 않는 무엇이라고 생각합니다.

최근 사도시대 이후 교회의 제도화에 대해 언급한, 즉 교회가 형성된 배경과 과정을 설명하는 책들이 많이 나왔습니다. 그 책들은 신약시대에도 현대 기독교인들에게서 보이는 성령에 대한 생각과 같은 경향이 있었음을 잘 보여주고 있습니다. 다르게 말하자면, 성령을 우리가 부를 수도 있다는 식으로 가볍고 무례하게 '길들이려' 하거나, 교회 나오고 신앙생활을 하는 순서에 따라 세례를 받고 교회에서 직임을 받은 사람이라면 당연히 성령을 소유한 사람일 거라는 식으로, 성령을 교회의 부수적 존재로 간주하려는 경향이 있습니다. 성령에 의해 교회 나오고 믿음을 갖게 되는 성령의 권능을 먼저 생각하지는 않습니다. 따라서 제가 이 책에서 중요하게 짚으려는 문제 중 하나는, 현 시대가 성령을 무시하고 성경의 내용을 그저 신학적 틀 안에서 지식적으로만 접근하려는 경향이 있다는 것입니다.

성령의 역사를 인간의 경험으로 제한해서도 안 되지만, 비인격화하는 것도 결코 바람직하지 않습니다. 이 책에서는 이와 같은 문제의식을 가지고, 오순절 성령 강림으로 나타난 제자들의 권능 사역에 관하여 쓴 누가의 신학적 의도를 연구하였습니다.

오늘의 교인들은 성령의 강림이나 임재를 내적인 것으로 받아들이고 있는데, 이들을 향하여 누가가 쓴 오순절의 성령 강림 이야기는 우리에게 시정(是正)을 요청합니다. 결론부터 말하면, 누가는 우리가 반드시 성령의 외적 권능을 이해하고 받아야 한다고 주장합니다.

사도행전에 나타난 권능을 바로 이해하기 위해서는 무엇보다 그 당대의 눈으로 사도행전에 등장하는 권능을 이해하는 것이 중요합니다. 그러기 위해서는 우선 사도행전이 기록된 당시의 '사회-문화적 세계'(socio-cultural world)부터 이해해야 합니다. '사도행전을 통해 나타난 권능'이라는 주제에 대해 연구하려면, 초기 기독교 교회라는 구체적 시대와 배경을 토대로 당시 공동체와 그들을 둘러싼 시대적 상황 안에서 권능의 의미와 역할을 찾아야 한다는 것입니다.

저는 이 책에서 사도행전에 나타난 성령의 권능의 역사가 오늘의 교회와 세상에서 실천적으로 하는 모든 사역에서도 동일하게 나타날 수 있다는 것을 고찰하려 합니다. 그것이 가장 중요하다고 생각하기 때문입니다. 그리하면 결과적으로 성령 운동에 관한 실천적 사역을 효과적으로 독려할 수 있을 것입니다.

권능의 의미부터 알아야 합니다

한국 교회는 20세기 초 폭발적인 성령체험을 통해 괄목할 만한 부흥을 이루었고 한국 사회에 적지 않게 긍정적 영향을 끼쳐왔습니다. 한국 교회 초창기 성령 운동의 결과, 성도들의 철저한 회개를 기반으로 잘못된 관습을 타파하고 사회를 개혁하며 한국 사회를 선도하는 일을 해냈던 것입니다.

한국 교회는 최근에도 다양한 영역에서 교회 부흥을 위해 노력하고 있습니다. 그 가운데 하나가 1907년의 부흥을 다시 일으키자는 '성령 운동'입니다. 특히 지난 2007년 평양 대부흥 백주년을 맞이하여 큰 관심을 모았습니다. 그러나 최근 통계나 현상으로 볼 때 한국 교회는 안팎으로 크게 신뢰를 잃어가고 있습니다. 백주년을 지나고 보니, 과연 한국 교회가 평양 대부흥 백주년을 보내면서 제대로 성령 운동을 일으켰는지, 혹은 성령의 능력을 체험이나 했는지 의문이 아닐 수 없습니다. 저는 이에 대해 문제의식을 느끼고 2010년 이 책의 기초가 된 신학박사 학위 논문을 쓸 때, 그 주제를 '사도행전에 나타난 권능 모티프(motif)'로 하였으며, 특히 사도행전을 중심으로 성령의 권능과 그 역사에 대해 연구했던 것입니다. 이 책은 그 논문을 최대한 쉽게 풀어 목회자와 신학자는 물론 일반 성도도 이해하기 쉽도록 쓴 것입니다.

사도행전에 대한 연구는 이미 오래 전에 태풍의 눈이라고 진단한 신학자 반 우닉(Van Unik)의 예견대로 많은 진전을 이루었습니다.

그러나 신학자들이 의사 누가가 쓴 글이라 하여 간략히 '누가 문서'라고 부르는 '누가-행전', 즉 신약성경의 누가복음과 사도행전에서 공통적인 핵심 주제라 할 성령의 권능에 대해선 신학계에서 의외로 연구한 바가 드물었습니다.

신학자들에 의하면 원래 누가복음과 사도행전은 하나의 책(서신서)이었다고 합니다. 알고 계시는 바와 같이 누가복음과 사도행전은 모두 누가가 데오빌로 총독에게 보낸 문서로서, 복음서는 예수님의 행적에 대해, 사도행전은 베드로와 바울을 중심으로 한 사도들의 행적에 대해 쓴 것입니다. 이와 같이 성격이 다르므로, 신약성경이 편집될 때 누가복음은 복음서에 편입되고, 사도행전은 분리돼 그 다음으로 편집된 것으로 보입니다. 그런데 누가 문서에서 강조되고 공통으로 삼은 주제가 바로 성령의 권능입니다. 그럼에도 불구하고 이 문서들에 대한 전통적 연구에서 간과된 분야가 바로 권능의 의미에 대한 것이었습니다.

참고로 설명드리면, 누가를 역사 기록자로 볼 것이냐 아니면 신학자로 볼 것이냐는 학자들 사이에서 논란이 돼왔습니다. 결과적으로 말하면 둘 다입니다. 누가는 역사적 기록을 잘 취합한 유능한 역사학자인 동시에, 자기의 신학 관점과 목적에 따라 수집한 자료와 전승된 기록들을 저술 목적에 따라 활용한 신학자라고 볼 수 있습니다. 따라서 누가 문서들은 저자 누가가 역사적 사실에 충실하면서 동시에 신학자로서 특별한 관점을 보여준다는 걸 인정해야 합니다. 그 중에서 중요한 관점이 바로 성령의 권능에 대한 것입니다. 이것이 중요한 이유는, 예수님의 생애와 제자들의 행적과 교회가 세워지는 과정에서 성령의 역할과 기여에 대한 개념, 즉 성령론을 빼놓을 수 없기 때문입니다. 실제로 우리가 예수님을 믿게 될 때 거듭남(중생)에 대해 강조하게 되는데, 이때 중생과 성령세례(성령이 우리에게 임하는 일) 사이의 관계성에서 성령의 역할을 반드시 생각해야 합니다.

특별히 교회사에서 성령론은 기독교가 전래되는 나라나 지역의 상황에서 복음을 전한 선교사의 신학적 입장에 따라 다른 결과를 낳곤 했습니다. 선교사의 신학적 입장이 어떠하냐에 따라 성령론이 조금씩 다르게 인식되었기 때문입니다.

1918년 이후와 해방 이전 한국 교회 선교사들의 행적을 보여주는 기록인 〈신학지남〉에 의하면, 당시 한국에 파송된 선교사들의 신학적 입장은 중생과 성령세례의 '동시성'을 강조하는 것이었다고 합니다. 예수님을 믿음므로 중생할 때 성령의 세례가 동시에 이루어진다는 관점입니다. 이런 현상은 그들 대부분이 정통 개혁주의 성령론의 영향을 받았기 때문에 생긴 것 같습니다.

하지만 해방 이후 성령에 대한 한국 교회의 신학적 입장은 교단이 다양해지는 만큼 다양해졌습니다. 그리하여 한국 교회의 성령 운동은 교단과 관계없이 다양한 신학적 입장이 하나로 정리되지 않은 채 확산되어 왔습니다. 어떤 사람은 속한 교단의 영향에 따라 중생과 성령체험을 구분하면서 성결의 체험을 강조하는가 하면, 어떤 사람은 성결의 체험보다 성령의 은사를 더 강조합니다. 또 다른 사람은 성령의 기본적 은사, 즉 방언을 받지 않으면 아예 성령의 내주(사람 안에 거하심 또는 사람에게 임한 성령의 세례)도 없다는 극단적 주장을 하기도 합니다.

좌우간 정리하자면, 한국 교회의 성령론은 성령세례와 은사의 관계와 관련해 일반적으로 두 가지 유형으로 구분할 수 있습니다. 첫째는 중생과 성령세례를 동일시하면서 이후에 성령 충만을 추구하는 A 유형입니다. 둘째는 중생과 성령세례를 단계적으로 구분하면서 성령 충만을 추구하는 B 유형입니다.

그런데 첫째 A 유형은 성령 충만을 인격적 변화에 초점을 두는 A-I 유형과, 각종 은사를 수용하면서 성령 충만을 추구하는 A-II 유형으로 나뉘게 되었고, 둘째 B 유형은 성령체험의 특징을 성결에 두는 B-1 유형과, 방언과 각종 은사를 강조하는 B-II 유형으로 나뉘게 되었습니다. 이 가운데 A-I 유형은 흔히 장로교로 대표되는 개혁주의의 전통적 입장이고, B-1 유형은 감리교와 성결교의 입장이며, B-II 유형은 대개 오순절 계통의 입장입니다. A-II 유형은 오순절 운동과 개혁주의 성령론을 절묘하게 절충한 것입니다. A-II 유형이 성령세례와 중생의 관계에서는 개혁신학의 손을 들어주고, 성령의 은사 활용에 있어서는 오순절 운동의 손을 들어준 셈입니다.

성령의 권능이 나타난 동기

누가복음과 사도행전은 기독교의 시초에 대한 진술로서, 그 근거가 되는 역사적 사실이 확고하다는 확신을 주고 신앙을 강화하려는 의도가 있습니다. 분명히 이러한 목적으로 쓰인 이 책에는 복음적 목적, 즉 복음을 소개하려는 목적도 있지만 복음주의적인 자료 이상의 무엇이 더 있다는 것입니다. 그것은 기독교의 기원과 성령의 권능의 역할 사이의 상관관계에 관한 것입니다. 누가가 묘사하는 기독교의 기원에 대한 서술은 사실 당시 독자의 상황과 확실히 연관됩니다. 그것은 바로 기독교가 시작될 때 성령께서 하신 권능의 역사에 관한 것입니다. 특히 사도행전에서는 더욱 그렇습니다.

권종선 교수는《신약성서 해석과 비평》(침례신학대학교출판부)에서 사도행전을 다룰 때 주목해야 할 5가지 주제를 소개합니다.

첫째, 복음이 어떻게 성령의 도움으로 지리적, 인종적, 종교적, 언어적, 문화적 장벽을 넘어 예루살렘에서 유대를 거쳐 사마리아와 땅끝까지 이르게 되었는지에 대한 '사도행전의 기록 목적'입니다.

둘째, 사도행전을 기록한 시점이 기독교 역사에서 '하나님의 계시가 발전되는 과정'인 과도기적 시기였다는 점입니다. 사도행전의 내용은 기독교가 시작해서 발전하는 초기 단계에 해당되며, 그 안에 당시에 일회적으로 유효했던 내용과 교훈이 담겨 있다는 것입니다. 예를 들면 오순절 성령의 임재 같은 내용입니다.

셋째, 유대인 기독교와 이방인 기독교를 통합하는 일치의 신학을 강조한 것입니다. 기독교의 일치에 큰 장애가 될 수 있었던 유대인들의 민족적 우월의식이나 배타성에 대해 성령이 어떻게 관여하셨는지에 대해 사도행전이 잘 보여주고 있습니다.

넷째, 사도행전은 유대적인 관습과 문화에 대한 문제를 다루고 있습니다.

다섯째, 사도행전은 바울과 바울서신을 해석하는 데 기본적인 도움을 줄 수 있는 자료로서 연구될 수 있습니다. 사도행전에 소개된 전도여행과 전도방법, 각 도시의 상황, 교회 설립의 배경, 그 외에 바울이 겪었던 일들을 잘 알 수 있도록 중요한 정보를 제공해줍니다.

누가의 문서를 통해 해볼 수 있는 성령의 역할과 기능과 관련한 논의는 크게 두 가지로 압축될 수 있습니다. 첫째는, 성령의 역할(또는 권능)을 회심과 입교를 위한 구원론적 기능으로 이해하느냐입니다. 둘째는, 성령의 권능을 이미 구원받은 기독교인이 선교적 사명을 감당하기 위하여 2차적으로 받는 은혜로 볼 것이냐는 점입니다. 전자를 주장하는 학자들은 누가 문서의 성령 이해가 바울의 구원론적 성령 이해를 바탕으로 하고 있다고 보며, 후자를 주장하는 학자들은 누가 문서가 언급한 성령이 유대교에서 이미 언급해온 예언의 영이라고 주장합니다. 그런데 최근에는 어느 한쪽만 주장하기보다 양쪽의 주장을 폭넓게 받아들이고 이해하려는 측면에서 연구가 이루어지고 있습니다.

이 책은 사도행전의 권능에 대한 성서학자들의 전통적인 견해를 견지하며, 누가의 사도행전을 중심으로 한 신학적, 선교적 입장에서 성경의 본문 속으로 들어가, 성령에 의한 권능의 역사가 초기 교회 선교 사역 속에서 어떻게 나타났는지를 설명합니다. 그리하여 누가가 사도행전 본문을 통해, 성령의 권능이 나타난 동기를 오늘날 교회 공동체에 어떻게 전달하려 하는지 알아볼 것입니다.

사도행전은 특별히 눈에 보이는 시각적 성격을 강하게 지니고 있는 성경입니다. 사도행전의 성령 강림 사건, 제자들의 치유, 축귀, 권능 사역에는 하나님의 권위와 권세와 능력이 잘 나타나 있습니다. 누가는 기타 서신들처럼 공동체에게 논리적인 말로써 권면하기보다, 사도행전에서는 시각적 혹은 청각적 이미지들을 활용하여 독자들 스스로, 혹은 누가 당시의 공동체가 그가 요구하는 방향대로 인도되기를 원했습니다. 그는 이를 위해서 직접적으로 요구 사항을 말하기보다 간접적 요구 방법, 즉 시각적 이미지를 보여주면서 감각적인 이야기들을 다양하게 소개한 것입니다.

예수 그리스도의 증인으로서 하나님 나라의 사역을 맡을 자들은 예수님의 제자들이었습니다. 이를 위해 예수님께서 마지막 순간까지 제자들을 준비시켰음을 볼 수 있습니다. 우리 역시 예수님의 증인으로서 예수님과 함께 했던 사도들의 삶이 어떻게 이어지는지 살펴보고 그들의 발자취를 더듬어 보면서, 우리의 삶의 자리를 어디에 두어야 할지 다시 찾아야 할 것입니다.

이로 보건대, 누가 문서(누가복음과 사도행전)는 예수님의 제자들과 120명의 성도들에게 임한 권능의 사건만을 보도하기 위한 목적으로 사회학적이고 수사학적으로 기록된 것이 아닙니다. 제자들이 그들에게 임하신 성령의 권능에 의지하고 예수님의 사역을 계승하여 땅끝까지 복음을 전하게 된 것과 권능의 관련성을 밝힌 것입니다. 저는 이 책에서 누가 문서의 저자인 누가가 밝히고자 한 것이 무엇인지를 추론하고자 하였습니다. 다시 강조하지만, 그것은 바로 성령의 권능에 관한 것입니다.

===== **이 책의 구성과 내용에 대하여**

많은 학자들이 사도행전에 나타난 성령의 권능을 여러 측면에서 다루었지만, 내러티브(이야기) 전체가 말하는 권능의 기능에 대한 포괄적 연구는 제공하지 않았습니다. 저는 이 책에서 그 공백을 메우려는 시도를 하였습니다.

1부에서는 권능의 어원적 개념이 무엇인지 성경을 통해 다루었습니다. 구약성경에서는 사사들에게 임했던 권능을 통해 웃니엘, 기드온, 입다, 삼손 등이 쓰임받게 된 것과, 엘리야, 엘리사, 미가, 에스겔에게도 역시 권능이 임하여 선지자로서 사역할 수 있었으며, 민족의 지도자인 모세, 여호수아, 사울, 다윗에게 임한 성령의 권능과 사역을 밝혔습니다.

신약성경에서는 오순절에 임한 성령의 권능이 사도들과 교회 공동체가 하나님의 대리자로서 복음을 전하고 유대와 사마리아와 땅끝까지 이르는 세계선교에 쓰임받게 했다는 점을 밝혔습니다. 즉, 선교가 그들에게 임한 권능을 인증할 목적을 갖고 있는 것으로 보인다는 점을 역설한 것입니다.

2부에서는 사도행전을 비롯한 성경이 말하는 권능에 대하여 논하였습니다. 사회-수사학적 접근방법의 기초 작업이라 할 사회학적 입장으로 사도행전에 나타난 권능들의 특징과 의미를 살펴본 것입니다. 이를 위해 특히 사도행전에 나타난 권능의 기능과 의미를 살폈습니다. 또한 권능이 사도행전에서 자주 나타날 수밖에 없었던 이유를 권능이 특히 요청되었던 당시 상황에서 찾아냈습니다. 사탄과 세상을 이기는 하나님의 권세로서, 거룩한 영이시요 생명의 공급자이시며 하나님의 영의 특징으로서의 권능을 다루었습니다.

사실 누가 당시의 초대교회 공동체가 직면했던 가장 큰 문제 중 하나는 생존이었습니다. 예수님께서는 예수님의 영을 통해 막강한 권능을 그들에게 부어주심으로 고통과 위기를 당한 자들이 믿음과 용기와 소망을 잃지 않고 승리하게 하셨습니다. 그렇게 될 수 있도록 제자들에게 임한 성령의 권능을 통해 일어난 오순절 사건과 제자 파송 사역에 대해 다루었습니다.

3부에서는 누가복음과 사도행전 본문 중에서 권능과 관련한 주요 부분을 주석(註釋)하여 권능에 대해 이해하도록 했습니다. 예수님은 권능을 통하여 치유와 기적과 축귀를 행하셨는데, 이를 통해 정치적, 사회적, 경제적, 교육적으로 억압, 착취, 수탈, 소외되었던 백성들에게 새로운 구원의 빛을 비춰주셨습니다. 그리하여 그들은 놀라운 치유와 회복을 받을 뿐 아니라, 권능은 그들이 희망을 가지고 예수님께 나아오는 동기가 되었습니다. 나아가 그들이 예수님의 제자가 되고, 오순절에 마가의 다락방에서 권능을 받아 복음 전파 사역을 하는 제자 공동체의 삶을 살게 했습니다.

이 책에서는 성령의 권능이 신앙의 원동력임을 성경을 통해 또한 밝혔습니다.

오늘날 기독교인들은 성령의 권능에 대해 성경적인 바른 인식 대신 비성경적인 오해를 더욱 좋아하는 경향이 있습니다. 예를 들면 어렵고 힘든 자리는 멀리하고, 자신의 평안과 안위를 확보하며 자신을 나타내기 위한 자리를 얻기 위한 기복의 도구로써 성령의 권능을 기다리는 것입니다. 권능을 신앙적 생존의 자리에 굳건히 서도록 힘을 보태는 천상(天上)의 지시(指示)로 이해하기보다, 어떻게 하는 것이 자아 중심의 세계관을 성취하는 길인지 고민하면서, 권능을 욕구와 자아를 채우기 위한 수단으로 이해하고 기대합니다.

하지만 사도행전에서 발견되는 사도들의 권능은 세상을 벗어나려는 이계(異界), 탈피, 혹은 도피의 도구가 아니었습니다. 권능은 치열하고 위기감이 감도는 처절한 삶의 자리에서 어떻게 그리스도인답게 살아가며, 예수 그리스도를 증거하는 영적 싸움과 나 자신과의 내면적 전쟁에서 어떻게 승리하고 극복하는가에 대한 신앙의 원동력이었습니다. 그러므로 그들에게 권능은 흔들리는 삶의 터전에서 신앙과 믿음과 사역을 위한 무게 중심추의 역할을 했습니다.

4부에서는 사도행전의 권능에 대한 신학적 의미를 특히 선교적 의미에서 탐구했습니다. 성령의 임재와 권능 사역은 불과 같은 초자연적인 능력과 영적 권능을 동반한 것이므로 사도는 물론 성도 모두에게 힘의 원천이며, 특히 예수님의 이적은 종말론적인 하나님 나라의 도래를 상징하는 것입니다. 당시 교회 공동체 안에서 사도들의 권능이 회자(膾炙)될 수밖에 없었던 구체적 이유는 교회 공동체 자체의 정체성과 관련된 극한의 위기 때문입니다. 그 위기란 유대특수주의와 세계보편주의라는 시대적 상황의 갈림길에서 교회가 어떤 길을 선택하여 자신들의 정체성을 확보해야 하는지에 대한 문제였습니다.

더구나 그들에게 권능이라는 천상(天上)적 소재(素材)를 통해 하나님의 권위가 절실히 필요했던 이유가 또 있었습니다. 그리스도의 승천 이후 재림이 그들의 생각보다 지연되었기에, 그들에게는 오순절에 임한 성령의 권능이 필요했습니다. 초대교회는 예수님의 승천과 재림 사이에 발생한 '하나님 부재(不在)'라는 '인지적 부조화'를 극복해야 했다는 것입니다. 따라서 권능은 초대교회에 필요했고, 하늘에 오르신 예수님의 지시에 의해 주어진 것이었습니다. 이 책에서는 제자들이 성령의 권능을 받았을 때와 받지 못했을 때를 비교했으며, 그들이 세계선교를 주도한 것 역시 성령의 권능 사역에 의한 것임을 밝혔습니다.

이 책에서 살펴본 대로, 이 시대에도 교회 공동체가 위기를 극복하기 위해서는 결국 성령의 권능이 반드시 필요합니다. 초대교회에서 사도들에게 임한 권능은 당시 공동체 앞에 직면한 정체성의 혼동을 바로잡았고, 교회가 나아갈 길과 방향을 제시할 때 영적 정당성을 부여하는 신앙적 권위의 역할을 하였습니다. 그리하여 권능은 초대교회가 마주친 총체적 위기를 극복하는 열쇠가 되었습니다.

사도행전에 나타난 사도들의 권능은 단순히 사도들이 체험한 하나님의 능력으로서의 가치만 지니는 것이 아닙니다. 오히려 당시 교회 공동체가 구체적인 삶의 자리에서 겪게 되는 고통과 새롭게 부딪히는 온갖 현안에 대하여 새로운 방향을 제시해야 했던 사도들에게 도움을 주었습니다. 따라서 권능은 교회 지도자들에게 교회 정치적인 가치의 핵심으로도 해석될 수 있을 것입니다.

이 모든 것을 떠나, 권능은 그리스도인 개개인에게 기본적으로 필요한 하나님의 은혜의 선물입니다. 이 책을 통해 의사 누가가 특히 강조한 성령의 권능에 대해 독자께서 각별하게 이해하고 받아들임으로써, 코로나19를 비롯한 세상의 온갖 어려움 속에서 종말론적 환난을 겪고 있는 이때에 힘과 유익이 될 것입니다. 독자에게 성령의 권능이 임하여 세상에서 천국을 누리는 '강력함'을 체험하시길 축원합니다.

김호민 목사

차례

1부

권능의 의미와
성경의 증거

1

성경에 나오는
권능의 의미

구약에서 '권능'(power)으로 번역되는 히브리어 단어로는 '하일' (חיל), '코아흐'(כֹח), '오즈'(עֹז) 등이 있습니다. 진정한 권능, 곧 영적 권위를 효과적으로 행사할 수 있는 능력은 오직 하나님께만 있습니다(시 62:11). 하나님의 권능은 무엇보다 창조(시 148:5)와 세계를 유지하시는 데서 나타납니다(시 65:5-8). 그분은 그 권위 중 일부를 인간에게 위임하시지만(창 1:26-28; 시 8:5-8, 115:16), 많은 경우 기적적인 구원 사역으로 친히 그 권능을 보이심으로 인간사(사람의 일, 세상)에 적극적으로 개입하십니다. 하나님은 자기 백성을 애굽에서 이끌어 내시되 강한 손과 편 팔로 구원하셨으며(출 15:6; 신 5:15), 마침내 그들에게 약속의 땅을 주심으로써 자신의 권능을 입증하셨습니다(시 111:6).

신약성경에서 권능의 의미로 주로 쓰인 단어는 헬라어 뒤나미스(δύναμις)와 엑수시아(ἐξουσία)입니다. 엑수시아는 위임된 혹은 수여된 권위, 즉 어떤 일을 할 수 있는 근거나 권리를 의미합니다(마 21:23-27). 이런 의미에서 이 단어는 구체적으로 땅에서(롬 13:1-3) 혹은 영의 세계에서 권세 잡은 자를 가리키게 됩니다.

한편 뒤나미스는 힘(고후 8:3) 혹은 능력(엡 3:16)이란 뜻이며, 권능의 역사(행 2:22)나 세력 있는 영(롬 8:38, 한글개역성경에서는 능력)을 의미하기도 합니다. 그리스도께서는 성부로부터 모든 권세를 받으셨으며(마 28:18), 죄를 용서하는 일(마 9:6)과 악한 영들을 쫓아내는 일(마 10:1)에 그 권세를 사용하셨습니다. 또한 그리스도께서는 자기 제자들에게 하나님의 자녀가 되는 권세(요 1:12)와 그분의 사역에 동참할 권세(약 3:15)를 주셨습니다.

야드, 엑수시아, 뒤나미스의 차이

개역성경에서 한글로 동일하게 '권세'로 번역된 단어는 사실 원어성경에서는 여러 가지로 다양합니다. 그 중에서도 히브리어로는 '야드'(יד)가, 헬라어로는 '엑수시아'가 가장 많이 사용되었습니다. 야드는 기본적으로 손(hand)을 나타내는 말이지만, 어떤 것에 대한 책임, 돌봄, 지배를 포함하는 권위를 관용적으로 나타냅니다. 엑수시아는 어떤 대상이나 사람을 소유, 통제, 사용 또는 처분할 수 있는 합법적인 권리 또는 방해받지 않는 실제적 권력을 뜻합니다. 따라서 엑수시아를 가진 사람은 자유롭게 행동할 수 있습니다.

힘을 뜻하는 또 다른 헬라어 '뒤나미스'가 물리적 힘만을 뜻하는 데 비해 '엑수시아'는 본래부터 보유한 권력(권세)을 뜻합니다. 그래서 엑수시아는 보유한 권력의 정당성을 강조하거나 정당하게 소유한 권력의 현실성을 강조하는 뜻으로 사용될 수 있습니다. 엑수시아가 그렇게 일반적이고 세속적인 의미를 지니는 때도 있지만(고전 7:37 임의로 행동할 권리; 행 5:4 자신의 수입을 임의로 처분할 권리) 성경에서는 신학적 의미로 쓰인 경우가 보다 일반적입니다. 이로 말미암아 알 수 있는 한결같은 성경적 확신은, 창조세계 안에서 유일한 합법적 권력은 궁극적으로 창조주에게만 있다는 것입니다. 이같은 권세가 하나님에 의해 인간에게 위임되는 경우, 권세를 위임받은 인간은 그 권세의 사용에 대해 하나님 앞에서 책임을 져야 합니다. 모든 권세는 궁극적으로 하나님의 것이기 때문입니다. 따라서 생활의 모든 영역에서 권세에 복종하는 것이 하나의 종교적인 의무이며 하나님을 섬기는 일의 일부가 됩니다. 또한 '권능'으로 번역되는 헬라어 '뒤나민'(δύναμιν)은 '뒤나마이'(δύναμαι, 할 수 있다)에서 유래된 '뒤나미스'(δύναμις, 영적인 능력)의 여성 단수 목적격으로서 '인격을 가진 능력'을 말하며(눅

4:14; 고전 1:18), 이는 곧 성령에 의한 그리스도 자신의 임재의 능력을 의미합니다(행 10:38). 그러므로 이 능력은 '우리와의 인격적인 교제 속에서 우리에게 구원을 가져오는 능력' 그 자체입니다(롬 1:16). 이것은 제자들이 담당할 복음 전파의 사명이 오직 성령을 힘입지 않고서는 감당할 수 없는 것임을 알려줍니다(사 42:1, 43:10-12, 44:3).

루아흐, 움직이는 바람

구약에서 영(Spirit)은 '루아흐'(רוח)라는 히브리어로 표현됩니다. 그 말은 보통 자연과 역사 안에서 신이 선택한 예언자들을 통해 수행되는 '신의 기운', '신의 능력', '신의 권능' 등으로 이해되고 표현됩니다. 예를 들면 하나님이 일하시는 모습을 자연의 바람과 폭풍으로 표현하는 것입니다. 신의 능력으로 이해되는 영은 우상 숭배자들과 이방인과의 전쟁에서 승리하게 합니다. 사무엘상 16장과 열왕기상 18장의 삼손, 사울, 다윗, 엘리야 등이 승리한 배후에는 하나님의 영의 활동이 있습니다.

루아흐의 본래적 의미와 그 어근(語根)의 뜻은 '움직이는 바람'(air in motion)입니다. 따라서 이 기본 개념으로부터 성령에 대해 '바람'과 '호흡'이라는 표현이 나왔습니다. 이 단어는 전통적으로

'바람으로서의 루아흐', '호흡으로서의 루아흐', '사람 안에 나타나는 루아흐', '하나님의 루아흐'로 그 의미가 세분됩니다.

구약에 언급되어 있는 루아흐의 의미는 학자들에 따라 많은 차이를 보이고 있습니다. 슈탐(Stamm)을 비롯한 몇몇 학자들은 이 단어의 의미를 다음의 15종류로 구분하고 있습니다. ① 숨, ② 공허한 것으로서의 숨, ③ 바람, ④ 방위, ⑤ 하나님과 관계된 바람, ⑥ 동물과 사람의 호흡, ⑦ 사람의 본성적인 정신과 같은 마음, 성향, 기질, ⑧ 야훼의 영, ⑨ 하나님의 영, ⑩ 거룩한 영, ⑪ 하나님에 대하여 독자성을 가진 영, ⑫ 주어진 재능, ⑬ 특별한 종류의 영들, ⑭ 육체에 대조되는 루아흐, ⑮ 그 외 기타입니다.

또 차준희 교수의 '구약의 영 이해'에 의하면 최근에는 루아흐를 다음과 같이 신학적 차원으로 분류하기도 합니다. ① 하나님의 영으로서의 루아흐, ② 왕들과 사사들에게 임한 원동력으로서의 루아흐, ③ 예언 운동에 나타난 루아흐, ④ 이사야서의 루아흐, ⑤ 영의 사람 에스겔의 루아흐, ⑥ 제사장 문서와 제사예배에 관한 본문들에 나타난 주의 영과 거룩한 영, ⑦ 역대기서와 다니엘서의 거룩한 영, ⑧ 지혜서의 거룩한 영, ⑨ 풍란(風蘭)의 거룩한 영, ⑩ 헬레니즘과 영지주의의 영 등입니다.

예수님께서는 제자들에게 성령이 임하시면 그들이 하늘의 능력을 받게 될 것이라는 사실을 확신시키셨습니다. 이때의 '능력' (δύναμιν, 뒤나민)이란 그들이 증인으로서의 사역을 수행하는 데 필요한 모든 능력을 말합니다. 예수 자신이 세례를 받으실 때 능력으로 기름 부음을 받았던 것처럼(행 10:38; 마 3:16; 막 1:10; 눅 3:21-22), 제자들도 예수와 똑같이 능력의 기름 부음을 받아야 증인으로서 사역을 수행할 수 있었습니다.

증인으로서의 사역은 사도행전 전체에 걸쳐 두루 나타나는 주요 주제입니다(행 2:32, 3:15, 5:32, 10:39, 13:31, 22:15). 참고로 권능이란 단어는 구약에서 66회, 신약에서 32회 사용되었습니다.

예수님께서는 성령의 권능(뒤나미스)으로 사역을 시작하셨습니다(눅 4:14). 예수님의 권능은 병을 고치는 기적들로 발휘되었으며(눅 5:17) 그 외에도 많은 사역 속에서 나타났습니다(마 11:20). 이것은 신약에서, 새로운 출애굽의 전조로서 하나님 나라의 권능을 증거해주는 일이었습니다(눅 11:20; 출 8:19). 그러나 그것만으로 본연의 하나님 나라가 충분한 권능으로 임한 것은 아니었습니다. 그것은 결국 오순절에 발생할 사건이었으며(눅 24:49; 행 1:8; 막 9:1) 장차 재림 때 완성에 이를 것입니다(마 24:30).

우리는 사도행전에서 신자의 삶 속에 역사하시는 성령의 권능을 봅니다(행 4:7,33, 6:8, 10:38). 바울은 그리스도의 부활을 하나님의 권능의 현저한 증거로서 회고하며(롬 1:4; 엡 1:19-20; 빌 3:10), 복음을 하나님의 권능이 사람들의 삶 속에 들어와 역사하는 방도로 봅니다(롬 1:16; 고전 1:18).

2

구약 사사들에게
나타난 권능

구약성경에서 영이라는 말은 '거룩하다'라는 뜻이었습니다(시 51:7). 그것은 그분이 단순히 성부(Holy Father)와 성자(Holy Son)와 구별되는 성령(Holy spirit)이기 때문이 아니라, 그 영이 하나님께 속하고 거룩한 하나님으로부터 비롯되었기 때문입니다. 성령께서는 창조에서 중요한 역할을 하셨을 뿐 아니라, 창조된 인간들에게 관여하실 때도 생명의 사역을 행하셨습니다. 성경에서 영에 관해 처음 언급된 곳 역시 창조에 관한 부분입니다.

레온 J. 우드의 《구약성경의 성령론》(이순태 역 기독교문서선교회, 1999)을 참고해보면, 하나님의 창조에 관한 최초의 진술에 이어 창세기 1장 2절이 "하나님의 영은 수면 위에 운행하시니라"라고 말하는데, 이는 성령께서 6일간의 창조 사역을 지배하셨다는 것을 암시합니다. 욥기 26장 13절은 이 사상을 확대하여 "그의 입김으로 하늘을 맑게 하시고 손으로 날렵한 뱀을 무찌르시나니"라고 진술하며, 욥기 33장 4절에서 엘리후는 "하나님의 영이 나를 지으셨고 전능자의 기운이 나를 살리시느니라"라고 말합니다.

창조와 관련해서 이사야서 40장 13절은 "누가 여호와의 영을 지도하였으며 그의 모사가 되어 그를 가르쳤으랴"라고 수사학적으로 묻습니다. 욥기 27장 3절에서 "나의 호흡이 아직 내 속에 완전히 있고 하나님의 숨결이 아직도 내 코에 있느니라"라는 욥의 선언에서 창조에 대한 성령의 계속적인 통제와 관심을 볼 수 있고, 특히 동물의 창조와 생명에 대해 진술한 시편 104편 30절은 "주의 영을 보내어 그들을 창조하사 지면을 새롭게 하시나이다"라고 선언합니다.

영에 관한 다른 언급은 창조 이후에도 여전히 인간의 경험에 계속 따라옵니다. 그런데 창세기 6장 3절에서 하나님은 "나의 영이 영원히 사람과 함께 하지 아니하리니 이는 그들이 육신이 됨이라"라고 말씀하십니다. 이 말씀은 성령께서 그때까지 계속 일하셨던 것이 그 상황에서 일단 끝났다는 것입니다. 아브라함이나 이삭과 야곱과의 관계에서는 성령에 대한 언급이 전혀 없습니다.

루아흐 엘로힘, 성령의 바람

"하나님의 영은 수면 위에 운행하시니라"(창 1:2b). 구약성경에서 하나님의 영을 '루아흐'로 표현했다고 해서 성령을 단순히 우리가 느끼는 바람이라고 말할 수 없습니다. 아직 태양이 나타나지 않아서 기온의 변화가 없는데 어디서 바람이 나와 물의 표면 위에서 움직이며 불어올 수 있겠습니까? 따라서 창세기 1장 2절의 '루아흐 엘로힘'은 성경 전체의 문맥과 교회의 이해에 따라 성령으로 이해함이 옳습니다. 삼위 하나님이 모든 창조에 역사하셨기 때문입니다.

또 '물들의 얼굴들 위에'라는 원어의 표현은 이때 지구가 이미 여러 대륙으로 나뉘어 있음을 시사합니다. 바다가 넓고 온 지구를 물이 다 덮고 있었다고 했는데, 만일 한 바다, 즉 땅이 다 물로 덮여 있어서 보이지 않았다면 굳이 '물들의 얼굴들 위에'라고 표현하지 않았을 것입니다. 이미 대륙들과 대산맥들 혹은 대간(大幹)들이 마치 얼굴을 물 위에 드러내듯 세워져서, 물들이 땅 위의 여러 곳을 덮고 있었음을 알 수 있습니다. 전체적으로는 물이 모든 지구를 덮고 있었고, 지구상의 여러 구조들(산맥 등) 때문에 여러 바다로 구분될 수 있었다고 보는 것이 타당합니다.

구약에 나타난 성령의 사역을 토론할 때는 보통 성령께서 사람 위에 오셨다가 가셨다고 표현합니다. 그러므로 이것은 성령께서 구약의 사람에게도 임하긴 하셨지만, 신약에서처럼 신자들 안에 계속해서 거하시지 않았다는 것을 의미합니다. 루이스 샤퍼 (Lewis Shafer)는 "성령께서 하나님의 언약 백성이었던 구약의 모든 성도들에게 거하셨다고 말해서는 안 된다"라고 진술했고, 그 증거로 그는 그리스도께서 말씀하셨던 중생에 대하여 알지 못했던 니고데모(요 3:8-12)를 제시합니다. 오스왈드 샌더스(J. Oswald Sanders)는 "오순절 날에 … 성령께서 인간의 중생을 성취하기 위하여 땅으로 오셨고 그 인간에게 하나님의 자녀로서 합당한 생명을 주셨다"라고 비슷하게 진술합니다.

신명기 34장 9절에서는 모세가 여호수아에게 지도권을 인계할 때에 "여호수아에게 안수하였으므로 그에게 지혜의 영이 충만하니"라고 했고, 이사야서 6장 3절에는 "그(하나님)의 영광이 온 땅에 충만하도다"라는 구절이 있습니다. 구약의 인물들에게 임한 영(권능)은 지도권의 행사 등 특별한 목적을 위해 주어진 일시적인 것으로 이해해야 합니다.

신약에서 성령 사역의 본질과 밀접하게 관련되어 있는 것은 우선 오순절에 왔던 몇 가지 변화입니다. 성경은 그리스도의 부활에 이어서 오순절에 교회가 시작되었고, 그날에 성령께서 그 첫 신자들 위에 임하셨다고 분명하게 가르칩니다(행 2장). 또한 그리스도께서 친히 성령으로 그 백성들에게 오실 때, 신자는 그 전에는 알 수 없었던 방법으로 능력을 입을 것이라고 말씀하셨습니다(행 1:8). 그렇다면 "그 신자들이 그러면 어떤 능력을 받았단 말인가?"라는 질문이 발생하게 됩니다. 성령께서는 '그 오순절' 이전에는 행치 않으셨던 무엇을 그들 안에서 그리고 그들을 통하여 하시기 시작했단 말일까요?

오순절 이후 성령의 사역에 대하여 보통 사용되는 용어들은 다음과 같습니다. '중생, 내주, 인치심, 충만케 하심, 능력 주심, 세례 주심'입니다. 이에 대해 더욱 구체적인 질문은 다음과 같습니다.

"성령에 의해 오직 오순절에 시작되었다는 어떤 기능들이 신약시대 신자에게 있다면, 구약에서는 어떤 것이 이미 수행되었을까?"

포프(W. B. Pope)는 《A Compendium of Christian Theology(II, 329)》에서 오순절 이후의 성령의 사역에 대하여 다음과 같이 말합니다. "그분의 내적인 사역은 마음 혹은 영혼 안에서 신적 능력의 실행이다. 즉 불신자에게는 내적으로 개심(改心)하도록 하며 회개의 은혜와 믿음의 능력을 그에게 준다. 또한 신자에게는 새로운 영적 생명과 교통을 통해서 영혼을 소생케 하며, 나아가 성화의 모든 사역을 가져온다." 포프는 중생과 성화 모두가 전적으로 신약시대의 일에 속한다고 본 것입니다.

펜테코스트(J. D. Pentecost)도 《Things to Come(263)》에서 세례, 내주, 인침 그리고 충만 등의 성령의 사역들은 오직 신약시대에 국한된 것이라고 주장합니다. 하지만 구약성경을 연구하면 이들의 주장이 옳지 않아 보입니다.

우리는 구약시대에도 임한 성령의 권능에 대해 다양한 모습을 통해 알 수 있는데, 이 책에서는 '사사들'과 '선지자들'과 '지도자'(정치가) 등 세 부분으로 나누어 구약에 나타난 성령의 권능에 대해 생각해보려 합니다. 이 장에서는 우선 사사들에게 임했던 권능을 먼저 다룹니다.

사사들에게 임했던 권능

하나님은 각 시대에 따라 그 시대에 합당한 하나님의 사람을 허락해주십니다. 그것은 사사 시대에도 예외가 아니어서, 이스라엘에는 적절한 때에 사사들이 나타나 그 백성을 구하고, 때로는 그 백성을 관할하는 역할을 담당하였습니다.

사사기는 그 앞에 나오는 여호수아서가 이스라엘 역사의 가장 영광스런 승리를 보여주는 데 반해, 구약 역사의 기록에서 가장 깊은 침체와 타락을 특징적으로 보여줍니다. 여호수아의 승리 이야기는 한편으로 40년간 유랑했던 광야 이야기와, 다른 한편으로 400년간 계속된 타락의 역사가 시작된 사사기 이야기 사이에 있습니다. 가나안 정복의 뒤를 이은 어두운 구름은 앞서 있던 것보다 훨씬 깊고 어두웠으며, 그것은 사무엘과 다윗의 지도하에 일어난 종교개혁 시기에 이르기까지 무려 4세기 반에 걸쳐 지속되었습니다. 그러나 하나님께서는 자신의 가장 영광스런 무지개가 나타내는 배경으로 그처럼 칠흑같이 어두운 구름을 즐겨 사용하십니다. 하나님의 은혜가 가장 밝게 빛나는 때는 언제나 적의 가장 맹렬한 공격에 직면해서였습니다.

사사기에서는 성령께서 권능으로 함께하시므로 놀라운 역사를 이룬 모습이 네 명의 사사에게 각각 한번씩, 네 번 언급되었습니다.

옷니엘

권능이 임한 첫 번째 사사는 옷니엘이었습니다. 옷니엘은 메소포타미아 왕 구산 리사다임을 물리친 사사입니다. 그는 본래 뛰어난 용사였지만, 성령의 권능을 받지 못하였을 때는 동족과 함께 8년이나 이방의 종노릇을 해야 했습니다. 그러나 성령이 강하게 감동하실 때 옷니엘은 자신과 그 백성을 구원하게 됩니다.

우리가 옷니엘을 통해 알 수 있는 것은 아무리 뛰어난 사람도 하나님의 허락하심 없이는, 즉 성령의 권능을 받지 못하면 자신의 역량을 제대로 발휘하지 못한다는 사실입니다.

"여호와의 영이 그에게 임하셨으므로 (하야 ) 그가 이스라엘

의 사사가 되어 나가서 싸울 때에 여호와께서 메소보다미아 왕 구산 리사다임을 그의 손에 넘겨 주시매 옷니엘의 손이 구산 리사다임을 이기니라"(삿 3:10).

이 결과로 이스라엘은 40년간 평강을 누렸습니다(삿 3:11). 옷니엘은 이스라엘의 첫 번째 사사였고, 성령의 권능으로 아람의 강력한 군주를 정복하였으며, 거의 반세기 동안 나라에 평화를 가져왔습니다. 또한 옷니엘은 용기의 영을 대표합니다. 이 모든 것은 직접적으로 성령의 능력 덕분이었습니다. 모세가 입법 활동을 할 수 있도록 하고 여호수아가 군사적 경력을 쌓아갈 수 있도록 준비시킨 바로 그 권능이 옷니엘로 하여금 민족의 대사(大事)를 성공적으로 치를 수 있도록 부르시고 자격을 구비시키셨습니다. 성령께서 세상의 가장 강력한 군주에게 도전할 수 있도록 담대한 용기를 주셨던 것입니다.

기드온

성령께서 사사들 중 두 번째로 임하셨던 이는 기드온이었습니다. 300명이라는 매우 적은 숫자의 병사만을 가지고 메뚜기 떼처럼 많은 적을 무찌른 사례는 세계 전쟁사(戰爭史) 어디에서도 그 유래를 찾아보기 힘든 일입니다. 그러한 일이 성경에 등장하는 기드온이라는 한 평범한 젊은이를 통하여 이루어졌습니다.

성경의 모든 인물들이 그러하듯이, 기드온도 인간적인 약점이 없지 않던 사람입니다. 그러나 그는 이스라엘 역사에서 크게 기념될 만한 전승(戰勝)을 올렸고 하나님의 백성을 구원하였습니다. 이는 약한 자를 들어 강하게 하여 쓰시며, 약한 자를 통하여 강한 자를 부끄럽게 하시는 하나님의 섭리에 의한 것입니다.

여호와의 사자가 기드온에게 나타나 부르셨습니다.

"큰 용사여 여호와께서 너와 함께 계시도다"(삿 6:12).

여호와의 사자가 기드온에게 명하십니다.

"너는 가서 이 너의 힘으로 이스라엘을 미디안의 손에서 구원하라 내가 너를 보낸 것이 아니냐 하시니라"(삿 6:14).

하나님께서 그에게 주시겠다고 약속하신 새 힘은 하나님 자신의 큰 힘, 곧 성령의 권능이었습니다.

"여호와의 영이 기드온에게 임하시니 (하야) 기드온이 나팔을 불매 아비에셀이 그의 뒤를 따라 부름을 받으니라"(삿 6:34).

하나님께서는 세상의 약한 자를 통하여 강한 자를 부끄럽게 하시는 것을 기드온에게 성령의 권능을 통하여 보여주셨습니다. 기드온은 실제로 대적들을 두려워하였던 사람이었지만, 하나님의 부르심에 순종하고 성령을 의지하였을 때 그 누구도 상상할 수 없는 지도력과 용기를 발휘하였습니다.

입다

권능이 임한 세 번째 사사는 입다입니다. 성경에는 타인이 볼 때도 경건한 신앙인이 많이 등장하지만, 하나님은 꼭 그런 사람들만 사용하지 않으셨습니다. 경우에 따라서는 타인이 볼 때 그리 탐탁지 않거나 멸시하는 사람도 즐겨 쓰셨기 때문입니다. 그런 사람 중의 하나로서 큰 공적을 남긴 사사가 바로 입다입니다.

입다는 자신을 배척했던 동족들의 어려움을 외면하지 않고 그들의 요구를 받아들여 암몬과의 전쟁에 앞장서게 되고 결국 승리합니다. 그런데 입다가 사람들 보기에 탐탁치 않았던 이유는 태어나면서부터 비극적인 삶이 시작되었기 때문입니다(삿 11:1-2). 비록 자신의 잘못은 아니지만, 그는 수치를 안고 태어난 사람이었습니다. 입다는 아버지 집에서 버림받게 됩니다. 따라서 입다가 부르심받은 일은 성령에게서 나온 것임이 명백합니다.

"이에 여호와의 영이 입다에게 임하시니 (하야) 입다가 길르앗과 므낫세를 지나서 길르앗의 미스베에 이르고 길르앗의 미스베에서부터 암몬 자손에게로 나아갈 때에"(삿 11:29).

하나님은 특별한 목적의 성취를 위해 특정한 사람들에게 높은 도덕성을 주셨습니다. 여호와의 신이 기드온과 입다에게 임하셨던 것도 바로 이런 까닭입니다. 우선 여호와의 백성을 적들로부터 구출해내는 데 필요한 정신적 자질을 부여하셨습니다(삿 6:34,

11:29). 성경은 그 두 사람을 '큰 용사'(삿 6:12, 11:1)라고 기록하고 있습니다. 여호와의 영이 임한 결과로 입다가 목적을 내세워 많은 곳을 다닐 때 군대를 모을 수 있었고, 자신의 때에 적 암몬을 물리쳐 이길 수 있었습니다.

입다는 길르앗의 큰 용사이며 사사입니다. 입다는 '그가 열다, 여는 자'라는 뜻입니다. 지명을 가리키기도 하는 입다(יִפְתָּח 수 15:43)는 입다엘(יִפְתַּח-אֵל)의 줄임꼴로서 '하나님(EI)이 태를 여신다' 또는 '하나님이 해방하신다'라는 뜻입니다(수 19:14,27). 이 입다가 비천한 신분을 극복하고 암몬 족속의 침략으로부터 이스라엘을 구하는 큰 일을 합니다.

그는 강직한 성품과 믿음을 가진 자였습니다. 가장 소중한 딸을 희생하고서라도 스스로 서원한 것을 지켰습니다. 그만큼 성령의 권능을 받고난 후 믿음의 분량이 충만해진 자였습니다.

삼손

네 번째는 삼손에게 임하셨습니다. 성경의 등장인물들 중 가장 힘이 센 사람을 꼽자면 단연코 삼손입니다. 그는 하나님의 택하심을 입고 태어나면서부터 나실인이 되어 하나님의 사사로 일한 불세출의 영웅입니다.

삼손은 여느 사사들과 그 활동 양식이 달랐습니다. 군대를 일으키거나 무리 짓는 일을 하지 않았고, 항상 혈혈단신으로 적을 상대하였습니다. 그럼에도 불구하고 삼손은 천 명의 적을 그 자리에서 때려 눕혔으며, 서쪽 해안가 가사의 성문을 빼내 동쪽 끝의 산지에 있는 헤브론까지 옮겨놓을 정도의 괴력을 소유하였습니다.

삼손은 무려 네 번이나 성령의 임하심을 체험했습니다.

사사기 13장 25절은 다음과 같이 말합니다. "소라와 에스다올 사이 마하네단에서 여호와의 영이 그를 움직이기(파암 פָּעַם) 시작하셨더라." 이때가 아마 삼손이 초자연적인 능력을 처음 경험한 때일 것입니다.

사사기 14장 6절은 다음과 같이 진술합니다. "여호와의 영이 삼손에게 강하게 임하니(찰라흐 צָלַח, overpower) 그가 손에 아무 것도 없이 그 사자를 염소 새끼를 찢는 것 같이 찢었으나 그는 자기가 행한 일을 부모에게 알리지 아니하였더라."

사사기 14장 19절에는 이렇게 기록되었습니다. "여호와의 영이 삼손에게 갑자기 임하시매(찰라흐) 삼손이 아스글론에 내려가서 그 곳 사람 삼십 명을 쳐죽이고 노략하여 수수께끼 푼 자들에게 옷을 주고 심히 노하여 그의 아버지의 집으로 올라갔고."

사사기 15장 14절은 이렇게 증거합니다. "삼손이 레히에 이르매 블레셋 사람들이 그에게로 마주 나가며 소리 지를 때 여호와의 영이 삼손에게 갑자기 임하시매(찰라흐) 그의 팔 위의 밧줄이 불탄 삼과 같이 그의 결박되었던 손에서 떨어진지라."

이상의 네 번 모두는 위대한 힘의 과시를 위한 부르심의 행위 였습니다.

하나님께서는 하나님이 부여하신 일을 수행할 사람들에게 필 요한 경우 육체적인 힘도 성령을 통해 주셨습니다. 바로 삼손과 같은 경우입니다. 삼손의 초자연적인 힘은 성령께서 주신 은사였 습니다.

삼손이 그 힘을 발휘했을 때 성경은 "여호와의 영이 삼손에게 임했다"라고 기록하고 있습니다(삿 14:6, 15:14). 이 힘은 하나님의 규례의 형식, 즉 '나실인은 머리카락에 칼을 대지 말라'라는 규례 로서 주어진 것으로, 머리카락이 자라나는 것이 그 징표요 보증 이었습니다. 따라서 삼손이 그 규례에 주의하지 않았을 때, 즉 머 리카락에 칼을 대도록 허용한 뒤 잠시 동안 그 힘 자체를 잃어버 렸던 것입니다.

그러므로 모든 경우에 삼손을 움직이게 하고 그에게 초인적인 힘을 주신 분은 성령이셨다는 것을 알 수 있습니다. 그것은 음식 이나 약물에서 나오는 근육이나 골격의 힘이 아니었습니다. 하나 님께서 친히 그를 통해서 일하시는 직접적인 능력이었습니다.

이것은 삼손이 전적으로 하나님께 성별되었고 그가 나실인의 서약을 순종하여 지키는 것과 관련이 있었습니다. 삼손의 힘은 영적 조건을 통해서 주어진 신성한 힘이었고, 의로운 생활과 하나님께 대한 순종에 전적으로 의존해야 하는 힘이었습니다.

3

구약 선지자들에게
임하신 권능

구약성경의 선지자들 중에 성령의 권능이 임하여 하나님이 주신 사명을 감당했던 대표적인 선지자들로 엘리야, 엘리사, 에스겔, 미가, 이사야, 야하시엘, 발람, 여호야다, 아마샤 등 여러 명이 나오는데, 그중에서 엘리야, 엘리사, 미가, 에스겔 등 네 명의 선지자들을 대표적으로 살펴보겠습니다.

엘리야와 엘리사

첫 번째와 두 번째 사례로 엘리야와 엘리사에게 권능이 임하였습니다. 엘리야와 엘리사는 주전 9세기에 사역했던 선지자들이었습니다. 그들은 선지자로서 일생을 바쳤는데, 둘 모두에게 성령의 능력의 부으심이 계속되었다는 증거가 열왕기하 1장과 2장에 잘 나와 있습니다.

열왕기하 1장을 보면 아하시야가 하나님을 배반하고 바알세불을 찾으려 할 때 여호와가 엘리야에게 나타나 이스라엘 왕 아하시야가 죽을 것을 경고합니다. 이때 왕이 엘리야에게 오십부장과 그의 오십 인을 두 번 보내지만 하늘에서 불이 내려와 그들을 매번 불살라버립니다. 세 번째로 오십부장과 오십 인을 보냈을 때, 그들이 엘리야에게 "하나님의 사람이여"(왕하 1:13)라고 부르며 간구하자 그들이 살게 됩니다. 그리고 엘리야가 승천한 것을 고려해 볼 때, 엘리야에게 하나님의 권능이 임했음을 알 수 있습니다.

엘리야와 엘리사 둘은 주전 9세기에 사역했던 선지자들이었습니다. 그들은 매우 중요한 선지자였고, 선지자 직은 일생 동안의 직업이었습니다. 둘 모두에게 성령의 능력 부으심이 일생 계속되었다는 증거를 엘리야의 승천을 보면 알 수 있습니다(왕하 2장).

땅으로부터 하늘로 취하심을 입은 사람, 즉 승천(昇天)한 사람으로 알려진 엘리야는 그의 헌신적 조력자인 엘리사에게 자신이 떠나기 전에 무엇을 해줄 것인지 물었습니다. 엘리사는 "당신의 성령이 하시는 역사가 갑절이나 내게 있게 하소서"(왕하 2:9)라는 중요한 말로 대답했습니다. 이 대답에서 엘리사가 하나님의 영에 관하여 알았고 진실로 말한 것임을 알 수 있습니다. 나중에 50인의 젊은 선지자 생도들이 엘리사에 대해 말한 것을 보아도 잘 알수 있습니다.

"맞은편 여리고에 있는 선지자의 제자들이 그를 보며 말하기를 엘리야의 성령이 하시는 역사가 엘리사 위에 머물렀다 하고 가서 그에게로 나아가 땅에 엎드려 그에게 경배하고 그에게 이르되 당신의 종들에게 용감한 사람 오십 명이 있으니 청하건대 그들이 가서 당신의 주인을 찾게 하소서 염려하건대 여호와의 성령이 그를 들고 가다가 어느 산에나 어느 골짜기에 던지셨을까 하나이다 하니라 엘리사가 이르되 보내지 말라 하나"(왕하 2:15-16).

젊은 선지 생도들이 한 말을 보면, 그들은 처음엔 하나님의 권능을 알지 못했지만, 이후 엘리사에게 하나님의 권능이 임하므로 엘리사가 바다를 가르고 엘리야가 하늘로 올라감을 보고 영적으로 알게 되었습니다.

엘리야는 예언자 중에서도 가장 특이한 인물입니다. 그는 이스라엘 역사에 불현듯 등장하여 희망의 빛을 던져주고 홀연히 신비하게 사라진 인물입니다. 그의 성정(性情)은 복합된 특성을 나타냅니다. 카리스마적 권능을 지니면서도 소박하고 정감 있는 면모를 보이는가 하면, 강력한 품성을 지녔으면서도 인간의 나약한 모습을 표출하기도 합니다. 이로 보건대 엘리야는 이스라엘 백성의 좌절과 희망이 복합적으로 반영된 형상을 지니고 있었습니다. 예언자로서 그는 직설적 언사와 과단성 있는 행동을 취했습니다.

대예언자 반열에 첫 번째로 등장하여 선구자적 역할을 한 그는 예언자의 전형을 보여주며, 여호와 신앙과 율법의 수호에 진력하였습니다.

엘리야의 후계자로 선택된 엘리사는 밭을 갈던 중 엘리야의 부름을 받고 수종을 들게 됩니다(왕상 19:16-21). 그 후 엘리사는 요단강을 가르는 기적을 보이는 엘리야에게 영감을 구함으로써 공식적으로 선지자의 직분을 계승하였습니다. 불병거를 타고 승천하는 엘리야의 겉옷을 취한 엘리사는 그것으로 요단 물을 쳐서 가릅니다(왕하 2:7-14). 이것은 엘리사의 선지자직 승계를 허락하시는 하나님의 증표였습니다. 이때부터 엘리사는 많은 이적과 기사를 행함으로써 선지자의 사명을 감당해 나갔습니다.

미가

세 번째는 미가에게 임하셨습니다. 미가서 3장 8절은 "오직 나는 여호와의 신으로 말미암아 권능과 공의와 재능으로 채움(fill)을 얻고 야곱의 허물과 이스라엘의 죄를 그들에게 보이리라"라고 기록되었습니다. 미가서 3장은 선지자 미가가 유다와 이스라엘 두 왕국을 대상으로 하나님의 말씀을 선포한 내용을 담고 있습니다. 그렇지만 대개는 유다에 관한 것이고 이스라엘에 대한 내용은 일부입니다. 미가의 예언 내용에는 다른 예언자들의 예언 내용과 크게 다른 점이 없습니다. 그러나 이스라엘의 회복과 관련된 메시아의 베들레헴 탄생에 대한 예언은 미가만의 매우 특이한 예언입니다(미 5:2). 미가는 전도자요 사회개혁자였으며 하나님의 사자로서, 구원을 얻는 참 신앙에는 하나님의 공의와 주권에 기초한 사회 개혁과 실천이 뒤따라야 한다고 이스라엘 사람들에게 역설했습니다.

에스겔

네 번째는 에스겔에게 임하셨습니다. 에스겔 2장 2절에서 "그 영이 내게 임하사" 그 결과로 자신의 사역에 관련된 중요한 지시를 받았다고 기록합니다. 에스겔 8장 3절에 의하면 그는 "주의 영이 나를 들어 천지 사이로 올리시고 하나님의 환상 가운데에 나를 이끌어" 예루살렘에 이르는 이상을 보게 됩니다.

에스겔은 BC 597년 바벨론 2차 포로기 때 메소포타미아로 끌려간 무리 속에 끼어 있었으며 그발 강가에 있는 델아빕(Tel-Abib)에 정착했습니다(겔 1:1; 3:24, 8:1). 포로 후 5년째(BC 593년)에 소명을 받고 예언 활동을 시작했습니다. 에스겔의 메시지는 이사야와 예레미야가 그러했듯 심판과 회복과 희망을 말했습니다.

에스겔은 다른 예언자와 달리 특이한 행동 방식을 통해 예언했습니다. 여러 환상, 황홀경, 상징적 행동 등 우리가 잘 이해하지 못할 기행(奇行)이었습니다. 그러나 그의 기행으로 표현한 예언들은 미래에 투영된 소망을 담고 있었습니다. 에스겔은 전능하신 하나님에 대한 충성과 열정으로 가득한 사람이었으며, 내면에 담긴 진실성은 그의 삶을 아름답게 수놓고 있었습니다.

4

구약 지도자에게
임하신 권능

모세

하나님께서는 지도자가 민족을 다스릴 때에도 성령의 권능으로 일하게 하신 것을 볼 수 있습니다. 첫 번째 사례는 모세입니다. 하나님께서는 특정한 사람들에게 정치적인 은사를 부여하심으로써 통치와 민간 정부의 형성이 가능하게 하셨습니다.

하나님께서 그들에게 은사를 부여하실 때에 간혹 분명한 음성을 사용하셨습니다. 하나님께서 모세에게 자신을 계시하셨을 때에도, 그분은 마치 "사람이 자기의 친구와 이야기함 같이 … 모세와 대면하여"(출 33:11; 민 12:8) 말씀하셨다고 했습니다. 추측건대, 모세가 받은 계시는 아마도 모두 이러한 방식에 의한 것이었습니다.

마찬가지로 하나님께서는 엘리야(왕상 19:12)와 사무엘과 예레미야 및 모든 선지자들을 처음 부르시고 민족을 위해 각자의 사역을 시작하게 하실 때에도 역시 분명한 음성으로 말씀하셨습니다. 이렇게 기적적인 방식으로 형성되고 분명하게 귀에 전달되었던 하나님의 말씀은 그 속에 커다란 위엄과 권능을 함께 내포하고 있었겠지만, 이것이 하나님께서 흔히 사용하셨던 방식은 아니었습니다. 하나님의 음성은 대개 마음에 주어지는 은밀하고도 강렬한 깊은 감명에 의해 전달되었습니다. 하나님께서 직접 주시거나, 아니면 천사들의 활동에 의해 전달되었던 것입니다. 어떤 경우이든 간에, 그 음성을 들은 사람들의 마음에 생긴 깊은 확신은 성령의 직접적인 내적 역사로부터 오는 것이었습니다.

특히 모세가 성령의 능력을 부음 받았다는 것은 광야에서 비슷하게 능력을 입은 70인 장로들을 계수하는 것에서부터 분명하게 보입니다. 민수기 11장 17절에서 하나님께서 "내가 강림하여 거기서 너와 말하고 네(모세)게 임한 영을 그들(70인 장로)에게도 임하게 하리니 그들이 너와 함께 백성의 짐을 담당하고 너 혼자 담당하지 아니하리라"라고 말씀하신 것을 모세가 듣습니다. 70인의 장로들은 이전에는 열등한 관리들이었는데, 부르심을 받고 모세와 더불어 지고(至高)한 권능 앞에 함께 섰을 때 모세에게 임하였던 신과 똑같은 신이 주어졌습니다. 하나님이 그들에게 모세와 똑같은 통치력을 주셨던 것입니다. 율법을 현명하고 공정하게 집행할 수 있도록 그들에게도 모세와 똑같은 지혜와 정의감과 부지런함과 용기를 더해주셨다는 말입니다. 하나님께서 모세 위에 이미 성령이 임하게 하셨음을 전제하시고, 70인 장로들 위에도 성령을 임하게 하신 것이라는 말씀이 분명합니다. 그렇다면 모세에게 성령의 능력주심이 계속되었고, 이런 상태가 수년간 계속되었다고 우리는 믿어야만 합니다.

후에 이사야는 모세가 성령의 능력을 계속 받았다고 증거하였습니다. 그의 책(사 63:10-12)에서 이사야 선지자는 광야에 있는 동안의 이스라엘의 죄를 언급하고, 이어서 모세(그들) 가운데에 성령을 두셨으며, 또한 "그의 영광의 팔이 모세의 오른손을 이끄시며"라고 말합니다.

여호수아

두 번째 사례는 여호수아입니다. 민수기 27장 18절은 여호수아가 이스라엘의 새 지도자로 선택되는 장면을 말해주는데, 하나님께서 모세에게 "눈의 아들 여호수아는 그 안에 영이 머무는 자니 너는 데려다가 그에게 안수하고"라고 명령하십니다. 그리고 여호수아가 모세를 대신할 이스라엘의 다음 세대 지도자로 선택됩니다.

신명기 34장 9절에서는 "모세가 눈의 아들 여호수아에게 안수하였으므로 그에게 지혜의 영이 충만하니 이스라엘 자손이 여호와께서 모세에게 명령하신 대로 여호수아의 말을 순종하였더라"라고 말하고 있습니다. 여기서 주목해야 할 단어가 '지혜의 영'인데, 이사야서 11장 2절에서는 분명히 성령을 가리키는 단어로 기록되었습니다. 이는 메시아를 예언할 때 사용되는 것과 같은 단어입니다. 그리스도께 성령에 의해 '지혜'가 주어졌던 것처럼 여호수아에게도 그러했습니다.

사울

세 번째 사례는 사울입니다. 사울은 베냐민 지파 출신으로 이스라엘의 초대 왕으로 등극한 인물입니다. 당시 이스라엘은 블레셋의 계속되는 침략으로 전 국토가 위협받는 상황에 처해 있었습니다. 이런 상황에서 백성들은 이웃 열방들의 정치 형태인 왕정체제를 요구하였습니다. 이에 사무엘은 왕정의 폐해를 알려주었으나 백성들의 성화가 들끓었고 결국 왕정이 허락되었습니다. 그럼으로써 이스라엘에서는 2백년 동안 유지되었던 초유의 정치 형태인 지파 연합체제가 끝나고 왕정시대가 이행되기 시작했습니다. 이러한 중요한 전환기에 사울은 이스라엘의 왕정시대를 여는 왕으로서 초기 왕정 시대의 주역으로 부상합니다.

사무엘의 지도 아래 있었던 이스라엘은 블레셋을 축출하여 국
토를 회복하였고 어느 정도의 평온을 되찾았습니다. 당시 사무엘
의 아들 요엘과 아비야가 브엘세바에서 사사가 되었으나, 그들은
행위가 정직하지 못했고 공정하지 못했습니다(삼상 8:2-3). 때문
에 국가가 내적으로 안정되지 않았을 뿐만 아니라 블레셋의 위협
이 상존하는 상황에서 불안한 평화가 유지될 뿐이었습니다. 이런
위기 상황에서 백성들은 신정(神政) 정치를 거부하고, 국가의 안
정과 평화를 확고히 지켜내기 위한 대안으로 다른 나라들의 정치
형태인 왕정(王政) 정치를 요구하게 되었고, 결국 그 요구가 대세
를 이루게 되었습니다(삼상 8:5). 이에 사무엘은 왕정을 택할 수밖
에 없었던 것입니다(삼상 8:9-22).

그런데 첫 번째 왕으로 세워지는 사울에게도 성령의 권능이 임
하여 여호수아의 대를 이어 국가와 민족의 지도자 자리에 오릅니
다. 모세와 여호수아 이후의 사사들이 하나님의 사명을 감당했지
만, 국가적 통치자로서 일은 하지 못한 것과 대조됩니다.

사무엘상 11장 6절에는 "사울이 이 말을 들을 때에 하나님의
영에게 크게 감동되매(찰라흐) 그의 노가 크게 일어나"라고 기록
되어 있습니다. 그 결과로 사울은 백성들을 모아 적들을 크게 물
리칩니다. 그래서 그의 통치 기반과 왕으로서의 권위를 얻게 됩
니다.

하나님께서 이스라엘 민족 가운데 새로운 종류의 정부, 곧 왕국을 세우시고 사울로 하여금 그들의 왕이 되도록 하셨을 때, 하나님은 그에게 '새 마음'을 주셨습니다. 이는 그가 낮은 위치에서 왕이라는 높은 지위로 부름을 받았기 때문에, 하나님의 신이 그의 높은 직책에 합당한 지혜와 아량을 그에게 부어주셨다는 말입니다. 아울러 이 일은 눈에 보이는 징조와 특별한 영감들을 동반하였는데(삼상 10:9), 그것은 백성들로 하여금 사울을 왕으로 임명하는 일에 잠자코 순종하게 하기 위한 것이었습니다. 구약시대에 왕들이 취임할 때 그들의 머리에 기름을 바르는 예식을 제정하신 것도 이와 똑같은 이유에서였습니다. 그것은 성령의 은사의 교통하심이 그 왕들과 함께한다는 증거였습니다.

하지만 사무엘상 16장 14절에서는 "여호와의 영이 사울에게서 떠나고 여호와께서 부리시는 악령이 그를 번뇌하게 한지라"라고 기록하고 있습니다. 만약 그때 성령이 그에게서 떠나셨다면 이전에는 그 위에 성령께서 계속 계셨다는 것을 의미합니다. 그러나 왕들도 인간이기 때문에 유혹과 어려운 일들이 많았습니다. 그래서 솔로몬은 다른 어떤 축복보다 지혜와 지식을 먼저 간구하였던 것입니다(대하 1:10).

하나님은 솔로몬 외에도, 때로는 교회의 영역을 넘어서까지 통치에 대해 간섭하기도 하셨습니다. 예컨대 하나님을 위해 큰일을 행할 사람인 고레스 왕에게도 기름을 부으셨습니다(사 45:1).

다윗

네 번째 사례는 다윗입니다. 블레셋의 용장 골리앗을 쓰러뜨린 후 승승장구하였던 다윗은 백성들로부터 큰 사랑을 입었습니다. 이에 위기감을 느낀 사울은 그를 죽이려는 음모를 획책하게 되는데, 그 결과 다윗은 사울의 칼을 피해 정처 없는 도피의 길에 오르게 됩니다. 그러나 그는 홀로 버려지지 않았습니다.

시편 51장 11절의 "주의 성령을 내게서 거두지 마소서"라는 말씀을 보면 사울을 이어 왕이 된 다윗은 사무엘에 의해서 기름 부음을 받은 그날부터 자신에게 있었던 성령의 능력 부으심을 잃지 않기 원했던 것을 알 수 있습니다. 사울과 다윗 모두에게 성령의 오심은 이스라엘 왕으로서 승인받았다는 공통점이 있습니다. 둘다 자신의 때에 성령의 능력 주심을 경험했습니다. 사울과 다윗, 그들 모두는 하나님의 백성을 다스리는 자들이었고 성령의 권능으로 효과적인 사역자들이 될 수 있었습니다.

구약의 사람들도 권능에 의지하였다

앞에서 언급한 것처럼 구약에서 영은 루아흐란 말로 표현되는데, 그 말은 보통 자연과 역사 안에서 신이 선택한 예언자들을 통해 수행되는 '신의 기운', '신의 능력', '신의 권능' 등으로 이해됩니다. 즉, 하나님이 일하시는 모습을 바람과 폭풍으로 표현한 것입니다. 신의 능력으로 이해되는 '영'은 우상숭배자들과 이방인과의 전쟁에서 승리하게 합니다. 사사기 14장, 사무엘상 16장, 열왕기상 18장, 삼손, 사울, 다윗, 엘리야 등의 승리 이야기의 배후에는 하나님의 영의 활동이 있습니다. 이스라엘이 홍해를 건널 때 하나님의 숨결과 같은 능력으로, 바람을 일으켜 바다를 가르는 것도 하나님의 권능입니다(출 15:8-9). 이로 보건대 구약성경에 나타난 수많은 하나님의 사람들이 하나님의 사역을 수행하기 위해서 성령 충만으로 권능을 받았음을 알 수 있습니다.

그런데 구약에서 성령과 관련된 것은 다음과 같이 대략 세 가지 국면에서 고찰이 가능합니다.

첫째, 여호와는 그의 신(영)으로 자연계의 모든 것을 좌우합니다(창 1:2; 욥 26:13, 37:10).

둘째, 사람의 생명은 여호와의 신의 능력에 의존합니다(창 2:7; 욥 33:4; 시 104:29; 전 3:18-21; 겔 37:3-14).

셋째, 하나님 나라 일에 쓰는 힘과 용기와 기술에 여호와의 신이 관련되었습니다(삼상 11:6; 사 3:10).

구약에 나타난 성령은 다분히 종말적인 것으로 마지막 날에 나타나는 종말의 징조입니다. 성령을 통하여 사람이 하나님과 교통하고 마음이 새로워지며(겔 36:2, 39:29) 예언과 기사와 이적이 일어날 것이라고 합니다(욜 2:28).

성령은 구약에서 창세기의 시작부터 말라기의 마지막까지 계속해서 나타납니다. 창세기 1장 2절에서는 태초부터 하나님과 함께 성령이 창조의 신으로서 역사하시고, 말라기 3장 1-2절에서는 크고 두려운 '여호와의 날'에 '언약의 사자'로 임하실 것을 언급합니다. 그레그는《솔로몬의 지혜서》주석에서 성령에 대한 것을 "구약 성경의 저자들은 이 세상에서 활동하시는 하나님을 '하나님의 영'으로 묘사한다"라고 아주 적절하게 밝혀주고 있습니다.

5

신약에 기록된
권능의 역사

신약성경에서 권능의 의미로 쓰이는 단어는 주로 헬라어 '뒤나미스'와 '엑수시아'입니다. 엑수시아는 위임된 혹은 수여된 권위를 말합니다. 즉, 어떤 일을 할 수 있는 근거나 권리를 의미합니다(마 21:23-27). 이런 의미에서 이 단어는 구체적으로 땅에서(롬 13:1-3) 혹은 영의 세계에서 권세를 잡은 자를 가리키게 됩니다.

한편 뒤나미스는 힘(고후 8:3) 혹은 능력(엡 3:16)이란 뜻이며, 권능의 역사(행 2:22)나 세력 있는 영(롬 8:38, 한글개역성경에서는 '능력')을 의미하기도 합니다. 그리스도께서는 성부로부터 모든 권세를 받으셨으며(마 28:18), 그 권세를 죄를 용서하는 일에(마 9:6), 그리고 악한 영들을 쫓아내는 일에(마 10:1) 사용하셨습니다. 그리스도께서는 자기 제자들에게 하나님의 자녀가 되는 권세

(요 1:12)와 그분의 사역에 동참할 권세(막 3:15)를 주셨습니다.

신약에서 영은 프뉴마(πνεῦμα)라는 용어로 나타납니다. 프뉴마는 구약의 루아흐와 마찬가지로 바람과 폭풍 등으로 이해되며, 신의 사역의 도구로서 하나님의 능력과 권능으로 표현됩니다.

누가, 성령의 활동을 중요시하다

사도행전만을 보면, 그 책의 주요 목적은 의심할 바 없이 신약 교회의 등장과 발전의 이야기를 연결시키는 것입니다. 나사렛 예수님을 거부하고 십자가에 매달았던 도시인 예루살렘에서 극적으로 기원하여 부분적으로는 박해에 의해 강제적으로 유대로 확산되었고, 복음을 가지고 담대하게 사마리아로 들어가며 이방세계로 계속 확장되어 제국의 심장부인 로마에 복음을 가지고 들어가는 것으로 절정에 이릅니다.

누가는 이미 누가복음에서, 예수님이 승천 직전에 제자들에게 "내가 내 아버지께서 약속하신 것을 너희에게 보내리니 너희는 위로부터 능력으로 입혀질 때까지 이 성에 머물라"(눅 24:49)라는 말을 통하여 성령을 '아버지가 약속하신 것'으로, '보내지는 것으로', '위로부터 능력을 입는 것'으로 언급하였습니다.

누가는 어떤 복음서 기자보다 자신의 책에서 성령의 활동을 중요한 특징으로 묘사하고 있습니다. 누가복음에는 예수님의 탄생, 선교 사역, 그리고 승천 사건에 성령의 활동이 긴밀하게 개입되어 있습니다. 이러한 성령의 역할은 사도행전에서도 초대 기독교가 직면했던 여러 신앙적 위기들을 극복해나가며, 선교가 개방적으로 실현되어가는 극적인 과정마다 강하게 부각되고 있습니다.

누가복음에서는 다음과 같은 부분들에서 그 예를 찾아볼 수 있습니다. 먼저 구조적인 면에서 볼 때 성령은 중요한 사건이나 진술들 앞에서 소개되고 있습니다(유아 설화에서 7회, 예수 사역의 시작을 알리는 부분인 3-4장에서 6회, 여행 설화 도입 부분인 10-12장에서 4회 등). 그리고 예수님의 생애를 중심으로 보더라도 우선 예수님은 성령으로 잉태되어 태어나고(눅 1:35), 세례 시에 성령으로 기름 부음을 받으며(눅 3:22, 4:18), 승천 때에 성령의 약속을 받았고 제자들에게 성령을 부어 주셨습니다.

뿐만 아니라 누가-행전 전체를 볼 때 주요 등장인물들은 성령과 긴밀하게 관계를 맺는 것으로 묘사되고 있습니다. 누가복음에서는 세례 요한(눅 1:15), 마리아(눅 1:35), 엘리사벳(눅 1:41), 사가랴(눅 1:67), 예수(눅 3:22, 4:1 이하, 4:14,18,31 등)에게서 두드러집니다. 사도행전에서는 주요한 사건들에서 성령의 역할이 두드러집니다. 오순절 성령 강림(행 2:1 이하, 23-31), 아나니아와 삽비라 사건(행 5:1-17), 고넬료와 그의 하인 사건(행 10:44-48), 바나바(행 11:24), 예루살렘 사도회의(행 15:28), 바울의 선교 활동 인도(행

16:6-7), 에베소 제자들(행 19:1-6), 바울의 운명 예고(행 20:22이하, 21:11), 교회의 감독 세움(행 20:28) 등입니다.

오순절에 임한 성령의 권능

신약에서 기록된 권능의 역사 중에서 두드러진 몇 가지 사건 중 대표적인 것이 우선 오순절에 임한 성령의 권능입니다. 예수님은 부활하신 이후 40일 동안 영화로운 몸으로 이 땅에 계시면서 시공을 초월하여 제자들 앞에 나타나셨습니다. 예수님이 십자가에 달려 죽으신 후 혼비백산하여 도망쳤던 제자들은 예수님이 부활하셔서 나타나시자 마음에 안도감을 얻고 함께 모였습니다.

그러나 제자들은 '예수님이 왜 죽으셔야만 했는지, 또 왜 부활하셔서 그들 앞에 다시 나타나셔야만 했는지' 도무지 알 수 없었습니다. 그저 어리둥절하기만 한 제자들에게 예수님은 "예루살렘을 떠나지 말고 내게서 들은 바 아버지께서 약속하신 것을 기다리라 요한은 물로 세례를 베풀었으나 너희는 몇 날이 못되어 성령으로 세례를 받으리라"(행 1:4-5)라고 분부하셨습니다. 그래서 제자들은 예수님께서 승천하신 후 예루살렘 시내 마가 요한의 다락방에 모여 전심전력으로 기도했습니다. 이렇게 약 열흘 동안 기도하던 제자들에게 마침내 예수님의 약속대로 성령이 임하셨습니다.

"오순절 날이 이미 이르매 그들이 다같이 한 곳에 모였더니 홀연히 하늘로부터 급하고 강한 바람 같은 소리가 있어 그들이 앉은 온 집에 가득하며 마치 불의 혀처럼 갈라지는 것들이 그들에게 보여 각 사람 위에 하나씩 임하여 있더니 그들이 다 성령의 충만함을 받고 성령이 말하게 하심을 따라 다른 언어들로 말하기를 시작하니라"(행 2:1-4).

제자들은 놀라운 성령 체험을 한 이후 성령의 권능을 받아 능력 있는 증인의 삶을 살게 되었습니다. 그리고 사도행전 1장 5절에서는 그것이 성령세례로, 사도행전 1장 8절에서는 예수님의 증인됨을 위한 권능으로 언급되고 있습니다. 유상현의《사도행전 연구》(대한기독교서회)에 의하면, 예수님의 성령 강림에 대한 이 예고는 사도행전 속 성령의 활동, 그 중에서도 특히 오순절 강림사건을 위한 직접적인 안내표지 구실을 합니다.

말할 것도 없이 신약교회의 강한 특징은 성령의 체험입니다. 오순절은 지나치게 강조해도 아깝지 않을 사건입니다. 이 사건에서 성령은 급하고 강한 바람으로 상징되고 있습니다. 바울은 다른 많은 서신에서도 성령론에 대해 충분히 다루고 있습니다. 성령께서 탁월한 지위를 부여해준 사도행전의 가르침과 조화를 이루는 가운데, 바울은 성령의 은사를 영적인 능력(살전 1:5)과 내적인 기쁨(살전 1:6)과 도덕적 정결함(살전 4:4-8)과 종교적인 거룩하게 하심(살후 2:13)과 더불어 관련시키고 있습니다.

마가복음에 언급되어 있는 제자들은 예수님께서 원하시는 자들 중에서 불려 뽑힌 자들이며, 예수님이 늘 함께 하기를 원했던 자들이었고, 또한 예수님으로부터 직접 귀신을 내어 쫓는 권세를 받은 이른바 선택받은 자들이었습니다(막 3:13). 요한복음서 기자는 요한복음 3장 8절에 언급된 '프뉴마'를 구약에서와 마찬가지로 바람과 폭풍으로 이해함으로써 하나님의 권능과 능력의 뜻으로 썼습니다.

하나님의 영은 예수님의 말씀 속에서 믿는 자에게 생명을 선사합니다. 바울은 그의 신앙의 토대가 되고 있는 구약의 영의 개념과 비슷한 의미로, 초인간적인 하나님의 능력과 권능으로서 프뉴마라는 용어를 사용하였습니다.

그리스도인의 조건

베드로나 다른 사도들이 사도행전에서 그들이 체험한 "성령을 선물로 받으리니"(행 2:38)라고 말한 성령을 바울도 '약속의 성령'(갈 3:14; 엡 1:13)이라는 표현을 통해 동일한 의미로 이해하기도 했습니다. 또한 초대교회의 선교나 신앙생활에서도 성령의 나타남과 능력으로 모든 일이 주관됩니다(고전 2:4; 엡 3:16). 하나님은 그의 영으로 자유롭고 우월하게 자연을 지배하는 것처럼 그의 인도를 따르는 인간 안에서도 일하십니다. 그리스도의 사람은 하나님의 영이 그 사람 속에 거하는 하나님의 영으로 말미암아 부활하게 됩니다(롬 8:11). 바울은 하나님의 영이 거하는 것이 그리스도가 거하는 것이며, 사람에게 임한 하나님의 영이 그가 하나님의 자녀인 것을 증거한다고 말합니다(롬 8:9-10). 바울은 '우리의 영'과 '신의 영'을 정확하게 구별하며, 오로지 하나님의 프뉴마만이 하나님의 깊은 것을 알 수 있다고 말합니다(고전 2:10).

또한 예수님께서도 성령의 권능(뒤나미스)으로 사역을 시작하셨습니다(눅 4:14). 예수님의 권능은 병을 고치는 기적들로 발휘되었으며(눅 5:17), 그 외에도 많은 사역 속에서 나타났습니다(마 11:20). 이것은 새로운 출애굽의 전조로서 하나님 나라의 권능을 증거해주는 일이었습니다(눅 11:20; 출 8:19). 그러나 그것만으로 하나님의 나라가 본연의 충분한 권능으로 임한 것은 아니었습니다. 그것은 결국 오순절에 발생할 사건이었으며(눅 24:49; 행 1:8; 막 9:1) 장차 재림 때 완성에 이를 것입니다(마 24:30).

우리는 사도행전에서 신자의 삶 속에 역사하시는 성령의 권능을 봅니다(행 4:7,33, 6:8, 10:38). 바울은 그리스도의 부활을 하나님의 권능의 현저한 증거라고 회고하며(롬 1:4; 엡 1:19-20; 빌 3:10), 복음을 하나님의 권능이 사람들의 삶 속에 들어와 역사하는 방도로 봅니다(롬 1:16; 고전 1:18).

2부

누가문서가 밝히는
성령의 권능

6

왕이신 하나님의
특징인 권능

하나님의 권세는 그가 지으신 세계에 대한, 그의 변경할 수 없는
보편적이며 영원한 지배력의 한 측면입니다(출 15:18; 시 93:1-2,
146:10; 단 4:34-35). 이 보편적 왕권은 이스라엘이 하나님으로 인
하여 그의 백성과 나라가 되게 하고(출 19:6 참고) 하나님의 복을
상속하게 한 하나님과 이스라엘 사이에서 언약관계의 기초가 되
기도 합니다. 하나님의 왕권은 인간을 임의로 처리할 수 있는 그
분의 도전받지 않는 권리와 권능입니다. 바울은 하나님의 이 권
세를 진흙에 대한 토기장이의 권리에 비유하였습니다(롬 9:21; 렘
18:6). 또한 인간은 그분에게 복종해야 하고 그분의 영광을 위해
살아야 한다고 요구할 수 있는, 시비의 여지가 없는 하나님의 권
리의 대상입니다.

사탄과 세상을 이기는, 하나님의 권세의 대리자

성경 전체를 통하여 하나님의 권세의 현실성은 그분의 요구를 무시하거나 업신여긴 모든 사람이 신의 심판을 받고 있다는 사실에 의해 입증됩니다. 왕 같은 재판관의 권세는 결정권을 지니는 것으로 변호됩니다.

구약시대에 하나님은 선지자, 제사장, 왕들을 대리자로 세워 그분의 백성에 대하여 권세를 행사하셨습니다. 그분을 대리한 사람들은 그분의 메시지를 선포하고(렘 1:7 이하), 그의 율법에 따라 통치하였습니다(신 17:18 이하). 각기 다른 사명을 수행한 이들은 하나님으로부터 오는 권세를 지닌, 하나님의 대리자로서 존경을 받았습니다. 또한 기록된 성경은 하나님이 주신 권위 있는 책으로, 이스라엘 백성에게 왕(하나님)의 뜻을 가르쳐주는 교훈집(토라, 시 119편 참고)으로, 그가 이 백성들을 다스리고 심판하는 법령집(왕하 22-23장)으로서 권위를 인정받았습니다.

신약시대에 하나님의 권세를 위임받은 사도들은 그리스도의 분부를 받은 증인, 사자, 대리자로서(참고: 마 10:40; 요 17:18, 20:21; 행 1:8; 고후 5:20) 그리스도에게서 그의 보편적 교회를 세우고 육성하고 다스리는 권세를 받았습니다(고후 10:8, 13:10; 참고 갈 2:7 이하). 이에 따라 사도들이 그리스도의 이름으로, 곧 예수님의 대변자로서 그분의 권세를 가지고 명령을 내리고 권장하는 것을 우리는 보게 됩니다(고전 5:4; 살후 3:6).

사도들은 집사(행 6:3,6)와 장로(행 14:23)를 임명하였습니다. 사도들은 그들의 교훈과 가르침을 표현 내용과 형식의 양면에서 성령으로 받은 그리스도의 진리(고전 2:9-13; 참고 살전 2:13)와 믿음(롬 10:8; 참고 갈 1:8)과 행동(살후 3:4,6,14)을 위한 규범으로서 제시하였습니다. 그래서 사도들은 그들에게 쓰는 편지를 '주의 명령'으로 받아줄 것을 기대하였습니다(고전 14:37).

사도들은 자신들의 권세가 그리스도의 직접적인 개인적 위임에 의존하고 있었기 때문에 원칙적으로 사도들의 후계자는 없었습니다. 그러나 모든 세대의 그리스도인들에게 필요한 믿음과 생활의 규범에 대한 것은 목사와 같은 그리스도가 임명하신 대리자들이 제공한 것이고, 교회와 그리스도인들은 모든 시대를 위해 신약 문서에 기록해놓은 규범적 가르침을 따름으로써 사도에 의해 설립된 교회의 제1세대와의 연속성을 유지하고 그리스도에 대한 충성심을 보여야 합니다. 신약을 통하여 교회에 대한 사도적 권세는 영구적 현실이 되었습니다.

예수 그리스도의 권세 또한 왕권의 한 측면입니다. 예수님은 하나님의 아들이며 동시에 사람의 아들(메시아적 인간)이기 때문에 그의 권세는 개인적이며 동시에 공식적입니다. 인간과 메시아로서 그의 권세는 참다운 것입니다. 그가 하나님의 위임을 받아 그분의 분부대로 일하셨기 때문입니다.

예수님이 하나님의 아들로서 그의 권세가 참다운 것은 그 자신이 하나님이시기 때문입니다. 심판하는 권세가 그에게 주어진 것은 그가 하나님의 아들로서 존중받도록 하기 위한 것이며(심판은 하나님의 일이므로), 또한 그가 사람의 아들(심판은 또한 메시아의 일)이기 때문입니다(요 5:22-23,27). 요컨대 그의 권세는 신적(神的)인 메시아의 권세인 것입니다. 그래서 예수님은 이 점을 간파하고 종의 치유를 믿었던 백부장을 칭찬하셨던 것입니다.

예수님은 이중 자격으로 아버지의 뜻을 행하십니다. 하나는 선지자와 제사장과 왕으로서 구원하는 직무를 감당하는 '섬기는 종'의 자격으로서, 또 하나는 아버지가 하시는 모든 일에 공동으로 참여하고 창조하는(요 5:19 이하) '신의 아들'의 자격으로 아버지의 뜻을 행하시는 것입니다. 인간을 넘어선 예수님의 이 권세는 그가 사역하는 동안 다양한 방식으로 나타났습니다. 그의 가르침의 최종성과 독립성(마 7:28-29), 귀신을 쫓아내는 권세(막 1:27), 폭풍을 제어하는 권세(눅 8:24-25), 그리고 죄를 용서할 수 있는 권리를 주장한 것 등이 권세가 나타난 방식들입니다.

죄의 용서는 예수님 곁에 서 있던 사람들이 올바로 지적하였듯이 오직 하나님만이 하실 수 있는 일입니다. 예수님이 용서하실 수 있다는 주장이 사람들에게 도전을 받을 때, 그 주장을 입증하는 방식으로 예수님의 초인적 권세가 나타났습니다(막 2:5-12; 마 9:8 참고).

하나님의 특징으로서의 권능

예수님은 부활하신 후 '하늘과 땅의 모든 권세가 자신에게 주어졌음'을 선포했습니다. 이것은 그의 구원의 나라로 선택된 자들을 불러들이기 위해 행사되는 그의 우주적이며 메시아적인 권세입니다(마 28:18 이하; 요 17:2, 12:31 이하, 행 5:31, 18:9-10).

신약은 높임 받으신 예수님을 '주와 그리스도'(행 2:36), 곧 만물을 다스리는 신적 통치자이며 그의 백성을 구원하는 왕으로 선포합니다. 복음은 그의 권세에 대한 이런 평가를 우리가 받아들이기를 요구합니다. 하나님의 특징으로서의 권능은 여섯 가지로 설명할 수 있습니다.

첫째, 권능은 하나님의 속성 중 하나입니다. "하나님이 한두 번 하신 말씀을 내가 들었나니 권능은 하나님께 속하였다 하셨도다" (시 62:11).

둘째, 그 권능에 불능(不能)이 없습니다. "예수께서 그들을 보시며 이르시되 사람으로는 할 수 없으나 하나님으로서는 다 하실 수 있느니라"(마 19:26).

셋째, 그 권능은 모든 능력의 근원(根源)이 됩니다. "부와 귀가 주께로 말미암고 또 주는 만물의 주재가 되사 손에 권세와 능력이 있사오니 모든 사람을 크게 하심과 강하게 하심이 주의 손에 있나이다"(대상 29:12).

넷째, 그 권능은 영원합니다. "창세로부터 그의 보이지 아니하는 것들 곧 그의 영원하신 능력과 신성이 그가 만드신 만물에 분명히 보여 알려졌나니 그러므로 그들이 핑계하지 못할지니라"(롬 1:20).

다섯째, 그 권능은 주권적입니다. "토기장이가 진흙 한 덩이로 하나는 귀히 쓸 그릇을, 하나는 천히 쓸 그릇을 만들 권한이 없느냐"(롬 9:21).

여섯째, 그 권능은 측량할 수 없습니다. "하나님은 헤아릴 수 없이 큰 일을 행하시며 기이한 일을 셀 수 없이 행하시나니"(욥 5:9).

성령은 하나님의 거룩한 영이시요 주(主)이시며 생명의 공급자이십니다. 그분은 천지창조 때에 수면 위에 운행하셨고, 역사 속에서 선지자들을 통해 말씀하셨으며, 오순절에 예수님의 제자들에게 임하여 예수님께서 이미 밝히셨던 보혜사(保惠師)의 역할을 성취하셨습니다. 성령은 오늘도 (첫 번째 보혜사인 예수님을 이어) 두 번째 보혜사의 역할에 걸맞게, 예수님의 대리인이자 대표자로서 인간의 머리와 가슴 속에서 끊임없이 일하고 계십니다.

보혜사는 헬라어로 파라클레토스(παράκλητος)인데, 위로자, 상담자, 도움을 주는 자, 변호인, 강하게 하는 자, 후원자를 뜻합니다. 최초의 보혜사이신 예수님은 두 번째 보혜사이신 성령의 활동을 통해 인류에 대한 당신의 사역을 계속하십니다.

예수 그리스도는 어제나 오늘이나 영원히 동일한 분이십니다.

그분의 영 또한 그러합니다. 그래서 성령께서는 오순절 이후 모든 시대에 걸쳐 복음이 전파되는 곳이라면 어디서나 예수님께서 약속하셨던 새로운 보혜사의 역할을 감당해오셨습니다.

초대교회 공동체는 오순절 성령 강림의 사건을 통하여 예수님을 구원자로 선포하는 공동체로서의 정체성을 확고히 하였습니다. 따라서 초대 공동체의 선교적 역할은 열두 사도들에게만 국한되어 있는 것이 아니라 공동체에 속한 여러 사람들에게까지 확대되었습니다. 이러한 사실은 사도 외에도 칠십 인의 대표들이 설교와 귀신 축출을 위해 파송되고 있는 것에서도 잘 나타납니다 (눅 9:11, 10:1).

7

예수님에게 임하신
권능의 기능

요단강에서 예수님은 성령으로 기름 부음을 받아 하나님의 백성을 사탄의 지배로부터 해방하고 구원할 수 있는 성령의 메시아가 되셨습니다. 예수님께서는 지상 사역 동안 권세 있는 말씀 선포를 통해 하나님 나라의 복음을 전하셨고 각종 질병을 고치시고 귀신을 축출하는 사역을 하셨습니다. 이러한 말씀 사역과 치유 사역들은 모두 하나님 나라가 역사 속에 뚫고 들어와 현존하고 있음을 논증하는 표적들이었습니다.

"주의 성령이 내게 임하셨으니 이는 가난한 자에게 복음을 전하게 하시려고 내게 기름을 부으시고 나를 보내사 포로 된 자에게 자유를, 눈 먼 자에게 다시 보게 함을 전파하며 눌린 자를 자유롭게 하고 주의 은혜의 해를 전파하게 하려 하심이라 하였더라"(눅 4:18-19).

이후로 주님의 가르침과 활동과 능력 있는 기적들은 모두 직접적으로 성령으로 말미암은 것이었습니다.

주님의 기적적인 능력이 성령과 연관되어 있음을 보여주는 아주 명백한 진술을 마태복음 12장 28절에서 보게 됩니다. "내가 하나님의 성령을 힘입어 귀신을 쫓아내는 것이면 하나님의 나라가 이미 너희에게 임하였느니라." 즉, 우리 속에 있는 귀신을 쫓아내시는 분은 바로 성령이시며, 이 성령이 우리 속에 계시며, 성령의 섭리를 통해 교회 안에서 하나님 나라를 영속시키는 것입니다.

성령과 예수님의 또 다른 관계가 지배적으로 나타납니다. 즉, 예수님은 성령을 지닌 자(The Bearer of the Spirit)일 뿐만 아니라 성령을 보내는 자(The Sender of the Spirit)이십니다. 바울은 그리스도를 가리켜 '생명을 주는 영'(Life-giving Spirit)이라고 말하고 또한 '그리스도의 영', '아들의 영'이라고 표현합니다. 성령과 그리스도의 이와 같은 이중적인 관계는 결코 모순되는 것이 아니라 '상호 보완적인 관계'라고 할 수 있습니다.

예수님은 '성령의 권능으로'(눅 4:14) 갈릴리에서 사역을 시작하였고 자신의 취임 설교에서 이사야서 61장 1절을 인용하였습니다. "주의 성령이 내게 임하셨으니 … 복음을 전하게 하시려고 내게 기름을 부으시고"(눅 4:18). 따라서 예수님은 성령의 주체였습니다. 성령의 주체이시므로 부활하신 후에 공동체에게 성령을 수여하는 자가 되는 것이 적절하였습니다(눅 24:49; 행 2:33).

치유 권능의 선교적 목적

예수님의 치유 사화(史話)는 그 특성상 선교적입니다. 부활하신 후 그리스도와 성령의 관계는 밀접하게 연결되어 었어서 성도 안에 성령의 내주(Spirits indwelling)와 그리스도의 내주가 교차되어 사용되며, 마찬가지로 '그리스도 안에'라는 말과 '성령 안에'라는 말도 동일한 의미로 사용됩니다.

예수님의 치유 사화는 당시 사회에서 낮은 계층의 관심과 필요에 의해 영향을 받아 일어난 일들입니다. 우리가 예수님의 치유 기적을 새로운 삶의 방식이 열리는 집단적이고 상징적인 행동으로 정의한다면, 그 치유의 기능은 초기 기독교 신앙이 형성되는 사회적 여건들과 그 의도들을 기적들을 통해 이해시켜 줍니다.

초기 기독교인들은 그들의 메시지를 공식화하고 선포하는 데에 다음과 같은 기적의 3가지 기본 요소를 사용했습니다. 첫째는 기적이 발생하는 상황에 대한 묘사이고, 둘째는 기적 그 자체에 대한 설명이며, 셋째는 기적의 혜택을 받은 사람이나 구경꾼들에 대한 기적의 결과 묘사입니다. 이런 메시지의 양식을 원시 교단의 기독교인들은 그들의 메시지를 공식화하고 선포하는 데에 사용했으며, 동시에 이런 양식들을 그들의 선교 목적에 사용했던 것입니다. 이런 전승이 이후 시간이 지나면서 새로운 세대와 계층으로 옮겨감에 따라 기적 이야기의 세 가지 기본 양식은 점차 확증되기 시작했습니다.

예수님의 치유는 병자들이 예수님의 몸에 손을 대거나 그의 옷을 만졌을 때 일어나기도 하였습니다. 열두 해 동안 혈루병을 앓았던 여인에 대한 기사는 이에 대한 명확한 예입니다. 또한 베드로 장모의 치유의 경우도 마찬가지입니다. 이 치유는 베드로의 장모가 열병으로 누워 있을 때 예수님이 그의 손을 만지니 열병이 떠나가고 즉시 회복된 사건에서 일어납니다(마 8:14; 막 1:30).

예수님은 병자의 손을 만지심으로 완전히 치유했습니다. 예수님의 이 치유 행동은 병자를 터부시하는 당시의 정결(淨潔)법에 비추어볼 때 파격적이었습니다. 이 여인은 그 즉시 일어나서 예수님께 수종을 들었는데, 이것은 열병을 치유 받은 후 병약했던 노인이 후유증 전혀 없이 즉각적으로 온전히 치유된 것을 보여줍니다(막 16:18).

믿음과 치유의 관계

예수님은 사람들이 믿음을 가지고 나왔을 때 "내가 능히 이 일 할 줄을 믿느냐"라고 물으십니다. "주여 그러하외다"라는 대답을 들은 후에 "너희 믿음대로 되라"라고 축복하며 치유해주셨습니다. 마가복음 9장 24절에서 귀신 들려 경련하는 아이의 아버지 경우에는 "내가 믿나이다. 나의 믿음 없는 것을 도와주소서"라는 고백처럼 의심과 회개가 섞인 믿음에도 응답해주셨습니다.

직접적으로 질병을 앓는 본인의 믿음만이 아니라 제 삼자의 믿음이 치유에 영향력을 발휘할 때가 있었고, 본인에게 믿음이 없었을 경우라도 예수님이 치유해주신 경우가 있습니다.

마가복음 2장 5절에서는 지붕 위로 중풍병자를 달아 내리는 사람들의 믿음을 보시고 치유해주셨습니다. 또 나인성 과부의 아들이나 회당장 야이로의 딸, 죽은 나사로와 같은 사람들은 믿음을 표시할 수 없는 형편이었으나 치유받았음을 알 수 있습니다. 이로 보건대 치유와 믿음은 믿음이 누구의 것이냐에 상관없이 밀접한 관계가 있으며, 치유를 위해 믿음이 요구되기는 했으나 반드시 필수적인 것은 아니었음도 알 수 있습니다. 더군다나 예수님이 고친 많은 무리 중에 상당수는 불신자들이었다고 추측할 수 있습니다.

치유자 예수님의 4가지 인격의 특징

치유하는 예수님에게는 아래와 같은 인격의 4가지 특징이 드러납니다.

첫째, 치유하는 예수님은 메시아입니다. 복음서 기자들이 메시아가 오셨다는 표적으로 치유의 기적을 제시하였기 때문입니다.

둘째, 치유하는 예수님은 선지자입니다. 복음서에서는 때로 선지자적인 말씀과 선지자적인 행동 사이에 연계성이 있습니다. 이것은 구약성경의 선지자적 전통과 일치합니다. 선지자들은 말씀을 선포했을 뿐만 아니라, 엘리야와 엘리사의 경우처럼 치유의 능력을 가지고 말씀을 분명하게 나타내 보이기도 하였습니다.

셋째, 치유하는 예수님은 인간을 불쌍히 여기는 마음을 가지고 있습니다. 예수님이 인간을 치유했던 이유는 인간에 대한 순전한 사랑이었습니다.

넷째, 치유하는 예수님은 하나님의 아들입니다. 치유는 예수님이 단순한 사람이 아니라 하나님의 아들이라는 신적인 증거의 일부로서 나타납니다.

문둥병은 레위기에 언급된 나병(한센씨병)입니다. 레위기는 이례적으로 이 질병에 대해 매우 상세하게 규정하고 있는데(13-14장), 그것은 이 병이 이스라엘 백성에게 매우 위협적이었음을 시사합니다. 마가는 나병 환자의 치유 이야기(막 1:40-45)가 가버나움에서 시작된 예수님의 선교 여행의 첫 번째 국면(막 1:21-45)에서 마지막 사역이며, 또한 가버나움에서 다시 시작되는, 더욱 치열해진 예수님의 충돌적 사역을 이끄는 중요한 역할로서 보도합니다.

마가에 의하면 예수와 제자들이 길을 가고 있을 때에 멀리서 달려오는 사람이 '나병' 환자였습니다. 당시 그 병에 걸린 사람은 자신의 존재를 사람들에게 알려야 할 의무가 있었습니다(레 13:45-46). 다가오지 못하게 하려는 것이었습니다. 당시 정결법에 의하면 나병 환자는 의복 등 자신의 몸이 닿은 천은 불로 태워야 했으며(13:52) 공동체에서 격리된 생활을 해야 했습니다(13:38). 이는 이 질병이 전염성이 있음을 암시합니다. 그래서 그 환자는 예수님을 보자 납작 엎드리며 간청하기 시작했습니다. 온 힘을 다해 발버둥치듯 예수님에게 매달렸습니다. 그걸 본 예수님께 측은한 마음이 일었습니다. 연민의 감정이 예수님을 움직였던 것입니다.

이 이야기는 예수님의 권능 사역 중 치유 사역이 이방선교에 관심이 있다는 것을 또한 보여줍니다. 이 이야기에서 나오는 나병 환자가 이방인이기 때문입니다(눅 17:18). 신학자 예레미야스 (Jeremias)는 거라사의 군대귀신을 쫓아낸 이적에서, "아람어로 레기온은 한 군인 혹은 한 군대를 의미하는데, 군대 귀신으로부터 고침 받은 광인은 이교도 지역의 전도자가 되었다"라고 말합니다. 이와 같은 해석을 통해 보면 예수님의 치유를 통한 선교가 유대 영역을 넘어서서 이방으로 진행될 것이라는 사실을 정당화시키려 한다는 것입니다.

마가가 '데가볼리'라는 지명을 언급했다는 사실도 간과해서는 안 될 중요성을 갖고 있습니다. 데가볼리는 요단강 주변의 열 도시를 일컫는 큰 지역의 총칭입니다. 열 도시 가운데 오로지 스키토 폴리스(벳산)만 강 서편에 있고 나머지 아홉은 동편에 위치해 있었는데, 중요한 도시만 지적해본다면 필라델피아(암만), 거라사 (막 5:1), 펠라, 가다라(마 8:28), 힙뽀스(디베랴 맞은편), 다마스커스 (갈 1:7; 고후 11:32; 행 9장) 등입니다. 이 지역은 돼지와 목축업자들을 볼 수 있는 곳이요, 주민 대다수가 그리스 문화의 영향을 많이 받은 이방인들이었습니다.

그러므로 켈버(Kelber)가 지적하고 있듯이, 성경은 이 지역을 데가볼리와 일치시킴으로써 이적의 이방 선교적 성격을 강조하고 있습니다. 나인햄(Nineham)도 예수님이 치유하신 후 고침 받은 자에게 자기를 따르기를 허락하지 않고서 "가서 가족에게 말하라"라고 한 것은 이방 사회에 기독교의 시작을 알리는 의도가 있었다고 봅니다. 테일러(Taylor)도 이러한 사실을 지적하여 한센씨병 환자의 치유가 예수님의 '이방 대상 선교적 활동'을 나타낸다고 보았습니다.

한편, 예수님이 안식일을 어기면서까지 고친 손 마른 사람의 이야기는 유대인의 율법 중에서도 가장 으뜸으로 중시하는 안식일 법, 즉 안식일에는 아무 일도 하지 말라는 율법에 정면으로 도전하고 있습니다.

예수님은 안식일 법을 아주 잘 알고 있었습니다. 그러나 예수님은 손 마른 자가 당장에 생명을 잃을 수도 있는 위험에 봉착한 것도 아닌데, 더구나 하루나 이틀쯤은 얼마든지 기다릴 수 있는 상태인데도 불구하고, 기어이 안식일에 회당 한가운데에 그를 세워 놓고 논쟁을 벌이면서까지 병을 고쳐줍니다. 안식일 법을 의도적으로 그리고 공개적으로 깨뜨린 것입니다. 따라서 유대인들은 예수님을 악하고 신성 모독적인 일을 자행하는 율법 파괴자로 생각했습니다. 예수님에 대한 유대인의 적개심은 바로 여기에서 시작되었습니다. 그러나 바리새인들이 인간의 필요를 알면서도 법규 때문에 돕지 않은 것이 악을 행하는 것이자 하나님의 다스림의 긴박한 요구를 거스르는 일입니다.

예수님의 치유 목적과 결과

예수님은 치유를 통하여 대속의 은총을 허락합니다. 그는 전인 치유의 대의사(Total Healer)로서 인간의 영혼만이 아니라 완전한 개인적 구원을 주시기 위하여 오셨습니다. 그의 치유는 풍성한 삶을 줄 뿐 아니라(요 10:10) 하나님의 형상을 잃어버린 인간을 회복시키는 선교였습니다. 즉, 육체와 영혼을 함께 치유하면서 어느 한 면도 간과하지 않으며, 다양한 내용을 가지고 전인격을 치유하여주신 것입니다. 육신의 치유와 죄 사함의 선포를 하거나 다른 범죄를 하지 말 것을 경고함으로써, 육체 및 그 육체에 속한 악한 세력까지 소급하여 승리를 선포하심으로 전인 치유를 이루신 것입니다.

예수님은 치유자인 동시에 축귀(逐鬼)자였습니다. 성경에서는 예수님의 축귀 기적을 예수님의 권위와 가르침이 감싸고 (inclusion) 있는 형태로 서술합니다. 특이한 점은 예수님이 회당에서 가르쳤다는 언급은 있으되 가르침의 내용은 수록되지 않고 있다는 점입니다. 대신에 그 자리에 예수님의 축귀 이야기가 자리하고 있습니다.

모든 치유 사화는 예수님께서 가르치시고 제자들을 부르실 때 말로써 나타낸 권위와 마찬가지로, 예수님의 권위를 권능을 통해 드러내 보이는 기능을 가지고 있습니다. 귀신 축출(막 3:22) 역시 예수님의 권위의 결과로서 사탄의 왕국의 멸망, 강한 사람의 집에 대한 약탈, 그리고 하나님의 나라의 도래를 의미할 뿐이라는 사실을 분명하게 밝혀줍니다.

사도들이 보여준 표적과 기사도 사도들에 의한 것이 아니라, 그들이 사역을 통하여 주님의 영광이 흐려지는 것을 원하지 않는 선과 방법으로, 사람(사도)들을 통하여 일하시는 성령에 의해 주어진 권능입니다. 그리하여 복음은 표적과 기사에 의해 더욱 분명히 확증되며, 그리스도를 통하여 우리에게 구원이 주어집니다. 그러므로 예수님의 치유는 예수님의 메시아적 예언의 정체성을 실현하고, 그 정체성을 확인하는 데에 직·간접으로 기여한 권능이었음을 보여주는 것입니다.

8

제자들에게 임하신
권능의 사역

오순절 사건과 제자파송

누가는 예루살렘이 기독교 시작의 지리적 중심임을 부인하지 않습니다. 그러나 그는 의도적으로 어떤 공간에 예외적 의미를 부여하는 것을 피하며 특정 공간에 대한 집착에서 벗어나려고 합니다. 그러한 발상이 최초로 드러난 것이 사도행전 1장 8절에 제시되는 새로운 구속사의 지리적 구도입니다. "오직 성령이 너희에게 임하시면 너희가 권능을 받고 예루살렘과 온 유대와 사마리아와 땅 끝까지 이르러 내 증인이 되리라." 이 구절을 통하여 유대 역사의 특수성이 응집된 도시 예루살렘이 이방인 선교라는 보편성을 전개하는 선포의 장소가 됩니다. '특수'로부터 '보편'으로의 지향은 이처럼 사도행전 문맥 곳곳에 배치됩니다.

브루스(F. F. Bruce)는 누가 문서의 주된 목표가 성령 충만한 권능의 증인들을 통해 말씀을 전파하는 것이라고 주장하고 있습니다. 누가 문서에서는 성령과 관련한 사람에 대한 언급이 여러 곳에서 발견되고 있는데, 각각의 경우는 다음과 같습니다.

누가복음의 경우 ① 요한이 엘리사벳의 모태로부터 성령 충만함(눅 1:15), ② 마리아에게 성령이 임함(눅 1:35), ③ 엘리사벳이 성령으로 충만해짐(눅 1:41), ④ 사가랴가 성령으로 충만해짐(눅 1:67), ⑤ 예수님께서 세례받을 때 성령으로 충만해짐(눅 3:22), ⑥ 예수님께서 성령에게 이끌리어 광야에서 시험받음(눅 4:1), ⑦ 성령의 능력으로 충만하여 갈릴리에서 전도를 시작하심(눅 4:14), ⑧ 주의 성령이 임함으로 공생애를 시작하심 등이 나옵니다.

사도행전의 경우 ① 오순절에 사도들에게 성령이 임함(행 2:1-4), ② 성령으로 채워진 베드로(행 4:8), ③ 성령이 충만하여 사도들이 하나님 말씀을 전함(행 4:23), ④ 아나니아와 삽비라가 주의 영을 시험하려다 죽임을 당함(행 5:1-11), ⑤ 성령으로 충만한 스데반(행 6:3,5, 7:55), ⑥ 사마리아인들이 성령을 받음(행 8:14-17), ⑦ 성령이 빌립을 인도함(행 8:29), ⑧ 고넬료와 그 가정이 성령을 체험함(행 10:44-48), ⑨ 성령으로 충만한 바나바(행 11:24), ⑩ 성령으로 충만해진 바울(행 13:9), ⑪ 에베소의 제자들이 성령을 받음(행 19:1-6) 등입니다. 이 중에서 몇 사람을 대표적으로 소개합니다.

수제자 베드로의 선교적 과업 수행

누가는 사도행전 2장의 전반부(1-13절)에서 구속사와 초기 기독
교 공동체 설립에서 중요한 사건인 오순절 성령 강림 사건을 그
립니다. 그리고 후반부(14-42절)에서는 예수님의 수제자요 사도
들의 대표였던 베드로가 성령 강림을 기점으로 초대교회의 선교
사역을 본격적으로 개시하는 시기에 일종의 선교 개시 선언문으
로서 전한 설교(14-36절)의 내용, 그리고 이 설교를 듣고 일시에
삼천 명이 회개하는 대역사(37-42절)를 기록함으로써 결국 초대
교회가 공식적으로 태동되었음을 보도합니다.

  오순절 성령 강림으로 나타난 하나님의 계획은 종말론적 새 이
스라엘의 회복이 교회 공동체를 통하여 실현되는 것입니다. 이것
이 실현된 예언은 사도행전 1장 8절에 언급되었듯이 "예루살렘
과 온 유대와 사마리아와 땅끝까지 이르러 내 증인이 되리라"라
는 예수님의 선언이었습니다.

  사도행전 10장 9-16절에 나타난 '베드로의 환상'은 유대인에
대한 베드로의 '선민 우월사상'과 이방인에 대한 '경시사상'이 엿
보이는 대목입니다. 이에 대해 하워드 마샬(I. Howard Marshall)은
그의 주석《누가행전》에서 "신약은 일반적으로 하나님의 구원 계
획에서 유대인이 우선적이라고 증거한다. 복음이 유대인들에게
먼저 전파된 것은 단지 역사적 사실의 문제만이 아니라 신학적

인 목적을 드러내는 문제이다. 자신을 이방인의 사도로 생각했던 바울까지도 복음을 '(먼저는 유대인에게요 그리고 헬라인에게) 구원을 주시는 하나님의 능력이 됨이라'고 주장했다"(롬 1:16)라고 하였습니다. 그러나 존 칼빈은 하나님께서 사도행전 10장 15절의 "하나님께서 깨끗하게 하신 것을 네가 속되다 하지 말라"라고 말씀하신 부분에서 "유대인들과 이방인들을 가로막고 있던 담(장벽)이 파괴되었다"라는 사실을 추론할 수 있었습니다. 예루살렘 공동체가 사도 베드로를 통해서 어떻게 선교적 과업을 준비하게 되었는지를 볼 수 있는 것입니다.

선교의 인물들을 등장시킨 성령님

사도행전에서는 초대교회 공동체가 유대인뿐만 아니라 이방인들에게까지 복음을 전파하는 과정에서 선교의 중심인물들이 하나둘 등장함으로 성령의 역할을 효과적으로 설명할 수 있게 해줍니다. 사도행전 15장을 기준으로 전반부에서는 베드로가, 후반부에서는 바울이 중심 인물로 등장합니다. 그리고 베드로가 등장하는 전반부에 스데반과 빌립의 사역이 삽입돼 있습니다. 이 인물들의 선교과정에 대한 본문의 기록을 보면 성령의 역할이 일정한 구조로 묘사되고 있음을 볼 수 있습니다.

베드로의 선교는 예루살렘에서 시작합니다. 더 자세히는 예수님의 승천 후 제자들이 함께 모여 있던, 그리고 성령의 강림이 일어났던 마가의 다락방에서부터입니다. 마가의 다락방에 모여 있었던 120명의 문도와 제자들의 귀에는 강한 바람 같은 소리(행 2:2)가 들리고 눈에는 불의 혀(행 2:3)로 보이는, 이른바 성령 도래의 극적인 증거가 주어졌습니다. 성령의 임재의 증거인 바람은 그것이 불어오는 것은 잘 알 수 있지만 그 출처를 알 수 없는 것과 같이, 성령의 임재도 바람과 마찬가지의 속성이 있다고 볼 수 있습니다.

불의 혀는 다음에 일어날 방언의 현상을 미리 나타내는 것으로 보입니다. 열두 제자들은 이러한 현상으로 말미암아 예수님의 약속이 이루어지고 있다는 확신을 가질 수 있었습니다.

성령이 모인 무리에게 임하시자, 무리는 성령이 말하게 하심을 따라 알아들을 수 없는 각기 다른 말들로 말하기 시작하였습니다. 이 사건의 앞뒤 상황의 전개에 따르면 120명 전체가 이 방언 체험에 동참했던 것 같습니다. 이 사건도 성령의 역사로 인한 선물일 뿐만 아니라, 그 이전에 그리스도를 통해 구원의 선물을 베푸신 하나님의 모든 활동이 포함되어 있다고 주장할 수 있습니다. 방언의 상징적인 가치는 복음을 전하는 중요한 임무를 사도(12명의 제자)와 그 자리에 함께한 모든 사람들이 수행할 수 있도록 하는 것으로, 그것을 통해 성령이 능력을 베푸시는 위대한 분이라는 확신을 설립될 초대교회에 주고 있다는 사실입니다.

스데반을 통한 핍박과 배타성 타파

사도행전에 따르면 예루살렘의 유대 기독교인들은 처음엔 그들의 협소한 민족주의적 정신 때문에 "땅끝까지 이르러 내 증인이 되리라"(행 1:8)라는 예수님의 명령을 망각하고 예루살렘에만 모여 자기들끼리 친교하고 있었습니다. 하나님은 이들의 배타적인 우월의식을 깨뜨리기 위하여 스데반의 순교를 통해 초대 예루살렘 교회에 큰 핍박이 오게 만드셨고(행 8:1-2), 이때 흩어진 무리들이 그제야 사마리아 선교를 시작하게 되었습니다(행 8:4). 하지만 예루살렘의 유대 사도들은 그들의 편협한 의식을 버리지 못하고 있었기에 주께서 환상 중에 베드로에게 '드디어' 이방 선교를 명하시게 되었습니다.

콘첼만(Hans Conzelmann)은 '누가의 역사 구분'을 분석하여 '교회 선교 시대가 도래할 것'을 말하였습니다. 헨첸(D. E. Hacnchen)은 사도행전 11장 18절에서 "하나님께서 이방인에게도 생명 얻는 회개를 주셨다"라고 지적하면서, 이방인의 선교는 사도들에게서 나온 것이 아니며, 성령의 선교적 사명으로서 하나님으로부터 나와 이루어진 것임을 말하고 있습니다.

우리는 베드로가 한 설교의 결과를 주목해야만 합니다. 스웨트 (Henry Barclay Swete)는 《신약 속의 성령》(은성)에서 "누가가 사도 행전에서 보고한 바와 같이 베드로의 설교는 영적 실존인 메시아 시대를 나타낸다. 사도 베드로가 어떤 새로운 근원으로부터 능력을 받았음은 명백하다. 오순절 성령 강림 이전과 이후의 베드로는 전혀 다른 새로운 인간이다"라고 베드로의 변화를 감탄했습니다.

베드로의 첫 공중 설교는 놀라운 결과를 가져왔습니다. 그의 설교를 들은 많은 사람들이 "마음이 찔렸다"(행 2:37)라고 표현합니다. 이 말은 "찔러 관통한다"라는 뜻입니다. 저들은 양심의 가책과 더불어 이성적 죄의식을 느낀 것입니다. 그들이 대망한 메시아가 바로 자기들이 십자가에 못 박은 예수인 것을 알았을 때, 저들은 양심적으로 또 이성적으로 찔림을 받은 것이었습니다.

예수님은 성령이 오시면 죄에 대하여, 의에 대하여, 심판에 대하여 세상을 책망하시리라고 제자들에게 말씀하신 바 있습니다 (요 16:8). 교회는 사실 이런 죄에 대한 애통과 회개 없이 탄생할 수 없는 것입니다.

베드로는 시편 110편을 인용하여 성령과 예수님을 결부시키면서 하나님께 속한 예수(행 2:36)를 이야기하고, 예수님이 구약에서 선지자들을 통해서 언급된 주와 그리스도이심을 밝히며, 결론적으로 회개와 죄의 용서(행 2:38) 등에 관한 내용으로 매듭을 짓고 있습니다. 특별히 36절은 베드로의 설교 제목이자 성령을 받은 사도 베드로를 통한 초대교회의 설교의 제목이었습니다. 36절의 내용은 이후에 모든 세대의 설교의 제목이 되어야 하는 것입니다.

유대인들이 멸시하여 십자가에 못 박아 죽인 나사렛 예수님은 주와 그리스도가 되셨습니다. 그리고 그 증거는 죽은 자 가운데서의 부활이었습니다. 그리하여 초대교회의 '주 예수 그리스도'라는 신앙고백이 성립된 것이었습니다. 사도 베드로의 선포 중에 중요한 점은 성령을 받은 베드로가 중요한 부분마다 구약 성경을 인용하여 입증하는 것입니다.

부활하신 그리스도께서 사도행전 1장 8절에서 수제자인 베드로를 포함하여 그의 사도들에게 "땅끝까지 이르러 내 증인이 되라"라는 선교적 사명을 부여해주셨습니다. 특히 사도행전 10장 15절에서 유대적 우월주의와 '이방인에 대한 편협한 편견'을 하나님이 지적하시며 베드로에게 이방인 선교에 대한 사명을 부과하셨습니다. 혈통이나 종족 등 모든 장벽을 복음 안에서 허물어 버리고, 새로운 선교적 공동체를 탄생시키고자 하신 하나님의 섭리가 사마리아 선교를 통하여 부각되고 있습니다(행 10:15).

베드로 사도는 십자가에 못 박혀 죽으시고 부활하신 그리스도에 대한 신앙을 나타낼 때 성령이 그들에게 주어질 것이라는 확신을 심어주었습니다. 또한 이 말씀의 형태는 예수 그리스도의 첫 설교의 말씀에서 유사성을 찾을 수 있습니다. 사도 베드로가 드디어 예수님을 뒤이어 하나님 나라를 선포하는 사명을 가진 선포자가 되어 예수님의 연장선에 서게 되었다고 해석할 수 있는 귀중한 자료인 것입니다. 이날에 제자의 수가 삼천 명이었다고 기록하고 있습니다. 이것은 아마도 베드로의 설교를 들은 큰 무리의 일부에 지나지 않았을 것입니다. 그러나 그것은 복음의 위대한 승리를 보여줍니다.

오순절 후에 예루살렘 교회의 신자 수는 날마다 늘어났습니다. 초대교회의 활발한 선교활동의 발생지는 예루살렘이었고, 처음 대상은 유대인이었습니다. 그들을 향해 베드로는 열한 사도와 같이 일어서서 선포하기 시작하였습니다. 의심할 바 없이, 이러한 역사는 주로 사도들의 선포와 증언을 통해 이루어졌습니다. 그리고 이 증언을 하는 사도들의 리더는 베드로였습니다.

하나님의 선교 시대를 열다

원시 초대교회는 주로 예루살렘 유대인 출신의 기독교인들로 구성되어 있다가, 오순절 성령 강림 이후부터는 그곳을 떠난 디아스포라 유대인들의 숫자가 많아졌습니다. 그리하여 비로소 베드로와 요한을 사마리아 선교사로 파송하게 되었습니다. 이것은 예루살렘 교회가 공적으로 인준한 것입니다. 이들은 새 선교의 창시자가 되었습니다. 또한 하나님이 그의 영을 보내시어 '하나님의 선교'(Divine Mission) 시대를 연 것입니다.

사도행전 8장 14절에는 사마리아인들이 하나님의 말씀을 받은 것을 보도합니다. 예루살렘에 있던 사도들은 여러 가지 이유로 베드로와 요한에게 사마리아 선교를 위임할 필요가 있었습니다. 유대인들과 사마리아인 사이의 지역적 분열의 경향 때문에 베드로와 요한이 사마리아의 신자들을 교회로서 공식적으로 영접하는 일이 반드시 필요했기 때문입니다. 베드로는 율법을 통하여 부정한 짐승을 먹지 말아야 한다는 것을 알고 있었습니다(레 11장). 그러나 베드로는 예수님께서 하나님이시며 메시아로서 종교상 더럽혀진 모든 피조물을 깨끗케 하셨음을 깨달았습니다.

이상에서 본 바와 같이, 사도행전에서 성령의 역할은 주로 교회의 선교에 초점이 맞추어집니다. 우선 요엘과 다윗에게 말씀한 '종말론적 약속의 성취'로서 성령의 역할을 제시합니다. 이것은 초대 공동체가 재림이 임박할 것이라는 기대를 통해 교회 공동체의 신앙적 위기를 극복하는 것과 밀접한 관련이 있습니다. 유대적 그리스도인 공동체와 이방인이 중심이 된 헬라적 그리스도인 공동체는 모두 성령의 지도하에 있어서 차이가 없는 교회였습니다. 이는 하나님이 인정하는 하나의 교회임을 증거하는 것입니다. 누가는 이 대목에서 성령께서 복음 선교의 원동력으로 활약하고 계심을 시종일관 증거하고 있습니다.

신약이 말하는 성령론 이해의 필수조건

신약성경의 세 번째 복음서와 사도행전이 지적인 의사이자 사도 바울의 동료여행자이며 헬라어를 말하는 이방인(아마도 안디옥 출신인 듯) 누가에 의해 기록되었다는 것은 초기 기독교 전승에서 누구나 동의하는 사실입니다. 또한 누가복음과 사도행전의 내용을 통해서 우리는 그 저자가 누가인 것을 잘 알게 됩니다. 그는 시종일관 표면에 나타나지 않으면서도, 그의 두 책의 큰 주제, 곧 예수 그리스도께서 주님이자 구세주이시라는 기쁜 소식과, 그 영광스러운 구속자가 온 세상에 복음을 전파하시기 위해 그의 사도들과 바울을 택하셔서 사용하셨다는 사실을 밝히 드러냅니다. 그런 점에서 누가는 겸손할 뿐만 아니라 잘 훈련된 저자입니다.

바울, 누가, 요한의 글로 대표되는 신약의 성령론은 바울의 입장을 중시하는 것이 주류였습니다. 이는 기독교 역사에서 바울의 신학적 업적이 지대했기 때문이기도 합니다. 그러나 바울의 견해를 신약 전체에서 말하는 성령론으로 확대시켜 이해하는 것은 각 저자들이 처했던 '삶의 자리'(Sitz im Leben)를 간과하는 실수를 범하는 것입니다. 그러므로 각 저자들과 그들의 공동체가 처한 상황과 배경에 대해 이해하는 것은 보다 올바른 신약학적 성령론을 이해하기 위해 필수적입니다.

누가는 성령의 부어주심이 결코 내적인 것이 아니라는 것을 애써 주장합니다. 모든 상황은 바람과 불, 시끄러운 이야기 소리, 떠들썩한 혼란, 그리고 공공연한 토론 가운데 일어났습니다. 성령은 교회로 하여금 자체의 선한 소식을 갖고 '공중 앞으로 나가게' 하시는 능력입니다. 믿지 않는 무리를 매력적으로 끌어당기고, 들을 만한 가치가 있는 것을 말하기 위한 그 무엇을 갖게 하시는 능력입니다.

새로운 바람이 땅 위에 불어 어떤 사람들에게는 분노와 혼동을 일으키는 폭풍이 되었고, 다른 사람들에게는 소망과 힘을 얻게 하는 신선한 숨결이 되었습니다. 그러므로 오순절은 복음전파에 중요한 의미를 주는 현상입니다. "구원받기 위하여 우리는 무엇을 해야 합니까?"라는 그 무리의 주요 질문은 이것을 분명하게 증명합니다. 이와는 반대로 나사렛에서 예수님의 설교를 들었던 무리는 경멸하며 말했습니다. "이 사람이 요셉의 아들이 아니냐?"

누가는 성령의 영감을 받은 베드로의 설교가 열정적인 개종자(改宗者)들이 생겨나게 했다는 사실을 기꺼이 보도하고 있습니다. '천하 각국으로부터 온 유대인들'이 그 좋은 소식을 향하여 나오고 있었습니다. 이날에 대해 누가가 누가복음 2장 32절에서 예언하고 있듯이 참 이스라엘이 회복되고 있었습니다. 그리고 우리가 앞으로 알게 되겠지만, 사도행전 11장 1절에서 그들은 열방을 향한 빛이 될 것입니다.

성령을 수여하시는 주체

다드(C. H. Dodd)는 사도적 케리그마 연구에 기초하여 그 기본 구조를 말하면서, 교회에 나타난 성령은 그리스도의 능력과 영광을 현재적으로 드러낸 표적이라고 말했습니다.

"하나님이 오른손으로 예수를 높이시매 그가 약속하신 성령을 아버지께 받아서 너희가 보고 듣는 이것을 부어 주셨느니라"(행 2:33, 8:17, 10:44-46).

즉, 성령을 수여하시는 분은 바로 예수님 자신이셨습니다.

베드로의 시찰 성격을 띤 선교 여행 중에 사도행전에서 먼저 나타난 이적은 룻다에서 '애니아'라 하는 중풍병자를 고친 일입니다(행 9:31-35). 애니아는 8년 동안 중풍을 앓아왔으나 예수 그리스도의 이름으로 베드로에게 고침을 받았습니다. 여기에 나오는 '애니아'라는 인물이 32절에서 말하는 '성도'라는 교회의 구성원인지 아닌지에 대해서는 정확히 알 수 없지만, 헬라식인 그의 이름의 뜻이 '찬양하다' 또는 '칭찬받은 자'이므로 그가 헬라파 유대인이었을 가능성을 추측해볼 수 있습니다.

김득중은《사도행전연구》에서 이방인 가이사랴 고넬료의 집에서 일어났던 일이 마치 오순절에 일어났던 일과 아주 비슷하여, 이를 가리켜 '가이사랴의 오순절' 또는 '이방인의 오순절'이라고도 불렀다고 했습니다. 이방인들에게 성령이 강림(행 8:17, 사마리아교회, 행 10:44-46, 가이사랴 고넬료)했고, 이방인들이 "방언을 말하며 하나님을 높임"을 듣고 유대인들이 놀랐습니다. 칼빈(John Calvin)도 이방인의 성령 강림을 보고 말하기를 "하나님께서는 이방인을 언약의 무리로 부르심에 대한 특별한 상징으로서 성령의 은사를 부여하셨다"라고 했습니다.

결론으로, 베드로의 선교 사역에 나타난 신학적 의미는 이렇게 정리됩니다.

첫째로, 원시 초대교회 이방선교의 첫 열매라는 점에서 '선교의 시대가 도래'했음을 의미합니다.

둘째로, 보편주의 또는 세계주의사상(Universalism)의 확립으로서 '하나님은 만민의 주'이심을 선언한 것입니다(행 10:36).

셋째로, 유대인과 이방인의 친교적 의미를 밝힌 것입니다. 이는 유대인과 이방인이 모두 사상적, 국가적, 인종적, 언어적, 혈통적 차별이 없으신 사랑의 하나님의 한 백성임을 의미합니다.

9

바울 선교에 나타난
권능의 역할

김득중은 사도행전 15장이 '전환점'(the turning-point), '분기점'
(the watershed), '중심부'(centerpiece)를 이루고 있다고 지적합
니다. 사도행전 15장은 문학적이며 문자적으로 사도행전의 한복
판에 위치하고 있습니다. 여기에서 드디어 선교의 대가요 거물인
바울의 선교시대가 전개되고 있음을 볼 수 있습니다.

바울이 사도가 되기 전에는 사울로 불렸는데, 그가 기독교인을
박해(핍박)한 것이 그의 아름다운 심정에는 맞지 않았을지 몰라
도, 사울은 자기 행동이 옳다는 것을 의심하지 않았습니다.

기독교인들이 외국 도시로 확산되자, 이들에 대한 사울의 분노
가 가열되어 그의 활동 범위는 그만큼 확대되었습니다. 다메섹
에 가까웠을 때 대제사장의 권위로 무장했던 그에게 일생일대의

전환기적 위기가 발생하였습니다. 하나님의 역사가 아니고서는 이를 설명할 길이 없습니다. 바울은 그의 서신들 속에서 이 사건이 그를 변화시켜 그리스도의 사자로 만드신 하나님의 은혜와 능력의 역사였다고 되풀이하여 고백합니다(고전 9:16-17, 15:10; 갈 1:15-16; 엡 3:7-9; 딤전 1:12-16).

그의 회심에 관한 사도행전의 세 기사들은 그 기사를 이야기하는 사람의 직접적인 목적에 따라 차이가 나지만, 상호 보충적입니다. 누가의 설명(행 9장)은 역사적인 것으로 이 사건을 객관적으로 이야기하는 반면, 바울의 두 설명(행 22,26장)은 그의 직접적 노력과 부합하는 측면들을 강조합니다. 그를 사로잡은 초자연적 존재가 "나는 네가 핍박하는 예수"라고 자신의 정체를 밝혔을 때, 사울은 곧 그의 길이 오류임을 깨닫고 즉각적으로 완전히 굴복하였습니다. 시력을 잃고 금식한 사울은 고뇌어린 반성과 주님과의 새로운 만남의 시간을 가졌습니다.

다메섹에서 아나니아의 사역은 바울의 회심 체험을 완성시키며 사울에게 하나님의 분부를 전해주었고, 다메섹의 기독교인들과 교제의 문을 열어주었습니다. 바울은 후에 지나온 생애를 돌아보면서 하나님이 미래의 사업을 위해 어떻게 그를 준비시켜 오셨는지를 분명하게 인식하였습니다(갈 1:15-16).

바울의 회심 동기와 결과

이와 같이 사울이 회심한 동기는 다메섹 도상에서 발생한 '그리스도의 현현'(Christophany) 사건입니다. 그리스도인을 핍박하던 사울에게 영광의 빛과 예수님의 음성이 들렸을 때, 그의 자아는 완전히 파괴되고 말았습니다(행 9:1-9). 그때 하나님은 아나니아에게 말씀하시기를 "이 사람(사울)은 내 이름을 이방인과 임금들과 이스라엘 자손들에게 전하기 위하여 택한 나의 그릇이라"(행 9:15)라고 소명의 의도를 밝히셨습니다. 칼빈은 "하나님 아버지와 그리스도가 사도직의 창시자"라고 표현하며, "사도를 사람들에게 파송하는 것 또한 그리스도의 임무"라고 하였습니다. 바울은 "자신이 이방인의 사도로서 선교사로 파송 받은 것은 전적으로 하나님의 섭리"임을 갈라디아서 2장 8절에서 밝히고 있습니다.

바울은 신체적인 면에서는 다소 열등했으나 그의 사도적인 자질은 매우 뛰어난 특징을 지닌 것으로 보입니다. 당시 최고 학부인 가말리엘 문하생 출신으로서 탁월한 변론 능력과 종교적 영감, 날카로운 지성과 지칠 줄 모르는 열정, 성실과 용기, 조직 능력과 따뜻한 인간성 등은 그의 천부적 자질입니다.

잘 알려진 바와 같이 누가의 증언에 따르면, 바울은 크리스천들을 핍박하기 위해 다메섹으로 내려가는 도중 부활하신 예수 그리스도를 만나 생의 대전환을 가져왔습니다. 바울 자신은 누가가 그의 서신에서 보도한 것과 달리 이 다메섹 사건을 직접 언급하지 않았습니다. 그러나 그의 서신 여러 곳에서 간접적으로 다메섹 사건을 언급하고 있습니다. 이때 바울은 무엇보다 '성령으로 충만'(행 9:17)함을 받았고, 성령의 인도하심으로 소아시아로 '선교사 파송'(행 13:4)을 받게 되었고, 그의 선교 사역 현장마다 성령의 초자연적 표적과 기사를 행하게 하심으로 바울의 선교 사역은 하나님에 의하여 더욱 확실한 보증이 되었습니다(행 14:3, 14:8-10, 15:12).

바울 서신에는 사도 바울의 설교 사역이 성령의 역사에서 비롯된다고 주장합니다. 가장 선명한 자서전적인 진술은 고린도전서 2장 1-4절입니다. 바울은 먼저 고린도 교인들에게 자기가 사역할 때 뛰어난 지혜의 말을 사용하지 않았다고 밝혔습니다. 그 다음 그는 자신의 주된 메시지가 예수 그리스도와 그의 십자가만 전한 것이라고 천명하고, 자신의 말과 메시지가 '다만 성령의 나타남과 능력'(고전 2:4)이었다고 결론지었습니다. 여기서 능력의 원천이 바로 성령입니다.

바울은 믿음이 인간의 지혜에 의존되어서는 안 된다고 보았습니다. 그는 성령에 의존된 복음 선포를 인간의 지혜와 독립된 것으로 간주하였습니다. 이것은 성령이 부여된 설교가 인간의 지혜와 배치된다는 뜻이 아니고, 인간의 지혜가 메시지의 원천이 아니라는 의미입니다. 성령이 그처럼 중요한 역할을 한다는 사실은 복음의 선포를 즉시 인간의 이성보다 월등한 수준으로 올려놓습니다. 설교에서 성령이 차지하는 역할에 대한 이와 유사한 신념은 '능력'과 '성령'과 '큰 확신'이 함께 연결된 데살로니가전서 1장 5절에서 읽을 수 있습니다.

에베소서 3장 5절에 의하면 사도들과 선지자들에게 주어진 계시는 성령에 의한 것이었습니다. 이 계시 속에는 이방인들도 교회에 들어온다는 특수 주제가 포함되어 있습니다(참고 엡 2:18). 우리가 만일 로마서 1장 1-4절을 바울 이전의 일부 진술로 보고 바울이 이것을 자기 서신에 융합시켰다고 간주한다면, 예수에 대해서 "성결의 영으로는 죽은 가운데서 부활하여 능력으로 하나님의 아들로 인정되셨으니"(4절)라는 말씀은 원시신학과 바울신학을 다같이 대변하는 깊은 뜻이 있습니다.

누가 문서의 특징 중 하나는 예수님의 죽음에 관한 견해가 신약의 다른 문서들과 다른 점입니다. 바울 이전의 전승 가운데서도 나타나고 있는 '우리를 위한' 그리스도의 죽음 사상(고전 13:1; 롬 4:25)이 사도행전의 설교들에서는 나타나고 있지 않습니다. 그리스도가 명한대로(눅 24:47) 베드로와 바울이 죄의 용서를 전하고 있기는 합니다(베드로: 행 2:38, 3:19, 5:31, 10:43; 바울: 행 13:38, 17:30, 26:18). 그러나 두 사람 모두 죄의 용서를 예수님의 십자가 죽음과 연관시키고 있지 않습니다. 사도행전의 설교들에서는 예수님의 죽음이 유대인들의 무지의 결과였다고 설명됩니다. 유대인들이 예수님을 십자가에 매단 것은 하나님의 영원한 목적을 알지 못했기 때문에 저지른 범죄였습니다.

바울의 선교와 성령의 사역

바울의 선교에 나타난 '성령 사역'을 요약하면 다음과 같습니다. 첫째는 병든 자를 치유하는 신유의 사역(행 14:8-10, 15:12, 19:11-12, 28:8-9), 둘째는 귀신축사의 사역(행 16:16-18, 19:12), 셋째는 능력 행함을 통한 성령 사역(행 13:11, 20:9-12, 28:3-6), 넷째는 안수를 통한 성령 강림 사역(행 19:6)입니다. 이를 통해 원시 초대교회 시대와 작금의 종말 시대의 성령 강림이 하나님의 섭리임을 보여주었습니다. 다섯째는 제4차에 걸친 선교 사역을 통해 세계 선교를 향한 성령의 사역이었습니다.

바울은 성령의 지시에 민감합니다. 성령에 사로잡혀 있었기 때문입니다. 그가 오직 아는 것은 성령께서 각 성마다 결박과 고통이 자기를 기다리고 있다는 것을 증거하고 있다는 사실입니다(행 20:23). 여기서 성령은 바울의 예루살렘 여정을 인도하고 거기서 일어날 일들에 대해 미리 증거하시는 '인격'으로 이해됩니다.

성령의 인격성은 바울이 밀레도에서 한 이 설교에서 다시 부각됩니다. "성령이 그들 가운데 여러분을 감독자로 삼고"(행 20:28).

성령께서는 장로들을 지명하여 그들에게 에베소에 있는 하나님의 교회를 돌보는 일을 맡겼습니다. 여기서 성령은 장로들을 지명하고 교회를 인도하는 '인격'으로 간주됩니다.

앤드류 머리(Andrew Murray)는 "성령이 교회와 선교 사역에 대해서 갖는 관계는 증기 기관차를 움직이는 엔진의 불과 화약과 포탄을 장전한 대포와의 관계와 같다"라고 하였습니다. 사도행전에 나타난 바울의 선교 사역에서, 바울은 그리스도께서 순간순간마다 성령을 부어주시는 기적을 통해 이방인에게 그리스도가 주가 되심을 효과적으로 증거할 수 있었습니다. 만약 성령이 사역하지 않았다면 복음에 빈약한 유대인 무리들에 의하여 복음은 예루살렘에 한정될 수밖에 없었을 것입니다. 그러나 바울의 복음은 성령의 능력을 힘입고 세계로 뻗어나갈 수 있었으며 복음의 힘이 증가하게 되었습니다.

따라서 성령의 주된 특징은 능력입니다. "그의 성령으로 말미암아 너희 속사람을 능력으로 강건하게 하옵시며"(엡 3:16 이하). 속사람의 능력의 원천은 성령밖에 없습니다. 그리스도인들이 성령의 능력 주심에 전적으로 의존해야 한다는 개념은 성령이 그리스도인의 생활에 얼마나 필수 불가결하며, 성령을 소유하지 않은 그리스도인이란 존재할 수 없음을 강조합니다.

바울은 사도행전에서 '예수와 부활'(행 17:18, 23:6, 13:30, 24:15, 26:23)을 전하고 있습니다. 사도행전에서는 이와 같이 사도들이 증인으로 나타나고 있는데, 특히 '부활의 증인'이라고 강조되고 있습니다(행 1:22, 4:33, 10:40-41). 누가의 증언에서는 예수님의 십자가의 죽음보다 부활이 더 중요한 역할을 하고 있습니다. 이 때문에 누가의 신학을 '부활의 신학'(Theology of resurrection)이라고 부르는 것도 과언이 아닙니다. 헤르만 리델보스(Herman Ridderbos)는《바울신학》에서 "바울의 장래에 대한 기대 속에는 마지막 심판이 주의 재림과 죽은 자의 부활과 밀접해 있다"라고 했습니다.

바울과 성령의 불가분 관계

바울이 선교 사역을 성공적으로 수행할 수 있는 본질적 능력은 결국 성령이었습니다. 그가 말한 것처럼 '성령의 인도대로 살아간다'(행 16:6). '성령이 하게 하시므로(이르시되) 한다'(행 13:2)라는 것이었습니다. 따라서 성령에 절대 순종한다는 것은 바울의 선교 생애에서 굳은 신념이요 믿음이었다고 봅니다.

사도행전의 저자인 누가는 이방인의 선교사인 바울을 유대교 기독교인으로서, 즉 율법과 유대인 풍속에 충성하는 사람으로 묘사하고 있습니다. 그러나 바울은 분명히 율법으로부터의 자유와 율법의 끝장을 선포한 사람입니다. 그에게 있어서 복음 아래 있는 자에게 모세의 율법은 결코 구원의 도가 아닙니다. 할례도 구원의 조건일 수 없으며, 유대인들의 풍속들도 구원에 관해서는 아무런 의미도 없습니다. 더구나 "율법 행위에 속한 자들은 저주 아래에"(갈 3:10) 있으며 "율법 책에 기록된 대로 모든 일을 항상 행하지 아니하는 자는 저주 아래에 있는 자"(갈 3:10)이며, "율법 안에서 의롭다 함을 얻으려 하는 너희는 그리스도에게서 끊어지고 은혜에서 떨어진 자로다"(갈 5:4)라고 선언하였습니다.

성령이 안디옥 교회에서 바울을 선교사로 따로 세우신 이래, 성령은 끊임없이 바울의 선교 여행을 주도하며 인도하셨습니다 (행 13:2,4,9, 16:6-7 참조). 예루살렘에 가려는 그의 마지막 일정을 결정하는 매우 중요한 순간에 바울은 다시 한 번 성령의 인도에 의해 예루살렘을 방문할 계획을 세웁니다. 바울은 성령께 민감한 상황에 있었기에 그의 인도와 지시를 받을 수 있었을 것입니다.

바울은 사도행전 13장 39절에서 "모세의 율법으로 너희가 의롭다 하심을 얻지 못하던 모든 일에도 이 사람(그리스도)을 힘입어 믿는 자마다 의롭다 하심을 얻는 이것이라"라고 칭의 신학을 역설했습니다.

바울신학 사상에서는 '의인과 악인'(행 24:15)에 대한 하나님의 공의로우신 심판, 즉 주의 날로서 재림의 속성에 대해 언급합니다. 바울은 사도행전 17장 31절에서 '천하를 공의로 심판할 날을 작정'하셨다고 언급했는데, 바울의 선포는 번득이는 예언자적인 경고를 내포하고 있습니다. 심판에 대한 바울의 선포는 '각자가 행했던 것의 보응을 받는 것이며, 그가 뿌렸던 것을 거두어들이는 것'입니다.

원시 초대 기독교 신앙에서 부활과 종말론적인 심판사상은 교회 공동체에게 긴장감을 주었고, 그 긴장감은 창조적 희망으로 교회의 역사 속에 계승된 것이었습니다. 바울은 성령을 통해서 우리의 생애 속에서 이같은 삶이 확실하게 이루어진다는 것을 말하였습니다.

3부

누가문서에서
권능 이해하기

10

땅끝 증인이 되게 하신
성령의 권능 _행 1:8

예수님께서는 제자들에게 성령이 임하시면 그들이 하늘의 권능
을 받게 될 것이라는 사실을 확신시키셨습니다. 하늘의 권능(뒤
나민)이란 그들이 증인으로서의 사역을 수행하는 데 필요한 모든
능력을 말합니다. 예수 자신이 세례를 받으실 때 성령의 능력으
로 기름 부음을 받았던 것처럼(행 10:38; 마 3:16; 막 1:10; 눅 3:21-
22) 이제 제자들도 그와 똑같이 기름 부음을 받아 증인(證人)의
사역을 수행할 수 있어야 했습니다.

증인으로서의 사역은 사도행전 전체에 걸쳐 두루 나타나는 주
요 주제입니다(행 2:32, 3:15, 5:32, 10:39, 13:31, 22:15). 구약시대에
는 이스라엘 민족이 제사장 나라로서의 증인의 역할을 잘 감당하
지 못했지만, 그것은 이제 예수님의 사역에 이어 제자들의 사역

오직 성령이 너희에게 임하시면 너희가 권능을 받고 예루살렘과 온 유대와 사마리아와 땅 끝까지 이르러 내 증인이 되리라 하시니라 _행 1:8

을 통해 완수해나가야 될 과제로 남겨졌습니다.

사도행전의 개요와 목차

사도행전 1장 8절은 종종 사도행전의 구조와 내용에 대한 개요를 제시하는 것으로 알려져 있습니다. 이 말씀은 사도행전의 목차로 불립니다. 증인은 예루살렘으로부터 시작하여(1-7장) 유대와 사마리아(8-12장), 그리고 바울과 함께 땅끝까지(13-28장) 이르게 됩니다. 이 중에 공관복음에서 사마리아인에 대해 유일하게 언급한 곳은 마태복음 10장 5절입니다. 원래 유대인으로서는 그들에 대한 복음전파가 금지되었습니다. 그런데 복음이 세계화되는 다른 가능성은 누가복음 23장 45절의 성소의 휘장에 관한 언급입니다. 그린(J. B. Green)에 따르면 "이것은 성전의 무너짐을 상징하는 것이 아니라(성전은 누가-행전의 기록이 끝나기까지 여전히 존재했습니다) 성전을 둘러싼 상징적인 세계의 장벽이 허물어지리라"는 뜻입니다.

그린은 "누가-행전에서, 성전 신학에서 성소의 휘장이 찢어진 것은 무슨 의미를 가지는가?"라고 묻습니다. 그는 누가-행전에서 성전이 기도와 가르침의 장소로 남아 있었을지라도 더 이상 제의적 중심이나 삶의 구심점이 될 수 없으며, 거룩에 대해서는 더 이상 사람 사이의 상대적 성결에 따라 사람들을 예단하지 않는다는 결론을 내렸습니다. 사도행전에서도 이 문제에 대한 신학적 근거를 제시하지만, 저자 누가는 찢어진 휘장이 성전으로부터 발산되는 거룩과 성결의 매트릭스가 손상받았음을 상징적으로 보여준다고 말합니다. 찢어진 휘장과 관계없이 사도행전이 끝나기까지 성전은 더 이상 인간을 인사이더와 아웃사이더로 나누지 않으며, 그 결과 세계선교의 문호가 활짝 열리게 되었습니다. 파슨스(Parsons)는 대부분의 학자들이 바울의 로마 입성을 사실상 "땅끝까지 증인이 되라"라는 예수님의 명령에 대한 성취로 본다는 사실을 알았습니다. 솔로몬의 시편 72편 8절은 이것을 뒷받침합니다.

사도행전 1장 4-8절에는 "예루살렘에 머물러라", "성령을 부어주겠다", "증인이 되라"라는 말씀들이 그 중심을 흐르고 있습니다. 여기서 언급된 표제어들, 즉 예루살렘, 성령, 증인은 구속사의 계속성을 보증하는 데 기여하는 용어들입니다. 이 중에서 성령의 역할은 통전적으로 보면 다음과 같습니다.

성령은 하나님의 구원계획을 수행하는 능력이며 하나님의 뜻에 따라 계획대로 진행하는 역사에 대한 고유한 보증입니다. 또한 성령은 하나님의 창조적인 능력입니다. 그분은 예수님의 존재를 동정녀에게서 형성했듯이 교회를 창설합니다. 성령은 동시에 동력을 주는 힘입니다. 그분은 파송의 원칙으로 예수님의 파송과 증인들의 파송에 관계합니다. 성령이 예수님의 사역을 인도하듯이 제자들의 증언사역을 인도합니다. 그것과 똑같이 사도들의 증언도 성령의 일입니다(행 5:32). 그러므로 성령은 예수 시대와 교회 시대의 연결을 가능케 하는 내적 근거입니다. 이처럼 성령의 역할은 구속사의 계속성을 보장하는 것입니다. 성령은 구속사의 계속성의 보증으로서 교회의 시대에 메시아 백성을 모으는 담지자(擔持者)가 되고, 그들에게 하나님의 나라를 경험하게 함으로써 하나님의 나라에 대한 일종의 보증인(保證人)이 됩니다.

사도행전의 존재 이유

하나님 나라의 특징은 우주적 포용성입니다. 이제 예수님의 제자들은 예루살렘에 뿌리를 내리고 세상이 그들에게 몰려오는 것을 기다리는 것이 아니라, 예루살렘을 벗어나 유대와 사마리아와 최종적으로 '땅끝까지' 삶의 터전을 이동해야 합니다. 따라서 사도들은 그들의 여행을 예루살렘에서 끝마칠 것이 아니라, 성령의 충만을 입어서 다른 나라로 여행을 시작해야 합니다. 사도행전이 존재하는 이유가 바로 여기에 있습니다. 예수님의 명령, 즉 땅끝까지 그의 증인이 되라는 예수님의 선교 명령이 성취되어야 하기 때문입니다.

그런데 '땅끝'을 단순히 로마로 보고 사도행전 1장 8절을 사도행전에 언급된 사건들의 개요로 보는 것에 대해 다른 비판적 관점이 등장하였습니다. 누가-행전은 확실히 땅끝이 전 세계라고 지칭합니다. 누가복음 4장 5절에서 사탄은 예수님에게 '천하만국'을 보여주었으며, 누가복음 21장 25-26절에서 메시아의 징조는 '세상'에 임합니다. 또한 사도행전 11장 28절에서는 '천하'에 흉년이 들며, 사도행전 17장 6절은 "천하를 어지럽게 하던"이라는 표현을 사용합니다. 이런 언급에 다소 과장이 있었다고 하더라도, 사도행전이 가능한 가장 넓은 지리적 지평을 염두에 두고 있었다는 인상을 지우기는 어렵습니다.

스카트(J. M. Scott)가 지적하였듯이 누가-행전의 지리적 지평은 사실상 로마제국을 넘어섭니다. 사도행전 2장 9-11절은 사도행전의 지리적 영역과 관련하여 남쪽으로는 에디오피아와 구레네, 동쪽으로는 아라비아와 엘람과 메데와 바대, 북쪽으로는 에게해의 북쪽 연안, 그리고 서쪽으로는 로마까지 언급합니다. 사도행전 2장 5절의 표현을 빌면 '천하 각국'이 해당됩니다. 더구나 로마에는 바울이 가기 전에 이미 복음이 전해졌으며(행 18:2,

28:14f), 안디옥이나 소아시아 및 그리스와 같이 로마로 가는 도중에 있는 지역들은 1장 8절에 언급되지도 않습니다.

어떤 이들은 이 책의 핵심 구절이 삼중적(三重的)인 목차를 보여준다고 주장합니다. 예루살렘은 사도행전 2장 42절-8장 3절, 유대와 사마리아는 사도행전 8장 4절-12장 24절, 땅끝은 사도행전 12장 25절-28장 31절이라는 것입니다. 누가가 그와 같은 구분을 염두에 두었는지는 알 수 없으나, 사도행전 자체가 어느 정도 그 양식을 따라 흥미진진하게 전개됩니다. 증인으로의 부름이 어떤 선별된 집단에게 국한되지 않는다는 점입니다. 그것은 사도들에게서 120명의 신자들에게로, 또한 사도행전 전체로 퍼집니다. 우리는 또 그것을 단지 우리 자신의 교회를 섬기는 일이나 어떤 종류의 '전문적 사역'으로 국한시킬 수도 없습니다.

성령 받아 예수님의 증인이 되라

모든 신자는 거리의 저편에서 세계의 저편에 이르기까지 우리 구주를 위해 일할 수 있는 '세계를 품은 그리스도인'(World Christian)이 되어야 합니다. 예수님의 최후의 지상명령은 성령을 받은 후 예수님의 증인이 되어 땅끝까지 복음을 전파하라는 것이었습니다. 이 명령은 제자들의 어긋난 질문에 대한 대답으로 주어진 것인데(행 1:6), 예수님께서 거듭 강조하신 명령입니다. 예루살렘에서 시작된 구원의 복된 소식은 예수님의 재림 때까지 세계 만방으로 퍼져 나가야 할 것이며, 그러한 사역에 제자들이 주역이 되어야 함을 일깨워주는 것입니다.

오늘날의 성도들도 모두 주님의 제자들입니다. 예수님의 최후의 지상 명령은 오늘까지 적용되는 것입니다. 시대를 초월해 모든 성도들이 복음 전도에 힘써야 하는 이유는 예수님께서 복음을 전파하라고 명령하셨기 때문입니다.

11

사울을 회심시킨
성령의 권능 _행 9:10-19

사도행전 후반부의 중심 인물

복음이 예루살렘에서 전파되기 시작(행 1-5장)하여 헬라파 유대
인이 교회운동에 참여(행 6장)하고, 그들이 유대교적 관습을 거부
(행 7장)하며, 핍박을 통해 사마리아에 복음이 전파(행 8장)되고,
이방인의 사도가 될 사울이 회심(행 9장)하여 이방인에게 복음이
전파(행 10장-11:18)되며, 그 결과 땅끝까지 복음이 전파되는 모
습(행 11:19-행 28장)을 그리고 있음을 알 수 있습니다.

사도행전 11장 19절에서 12장 25절은 지리적으로 볼 때 복음
이 안디옥까지 이르러 땅끝까지 복음이 전파되는 과정의 시작 부
분을 묘사하고 있습니다. 누가는 이와 함께 이방으로의 복음전파

를 위해 부름받은 사도 바울이 안디옥 교회에 등장하는 모습을 묘사함으로써, 이방 땅에 복음전파를 위해 필요한 요소들이 하나씩 준비되고 있는 모습을 보여줍니다(행 11:19-30).

사도행전 9장은 교회사의 기념비적인 사건인 다소 사람 사울의 회심을 기록하고 있습니다. 사울은 이방인을 위한 하나님의 사도가 될 것입니다(갈 2:8; 엡 3:8). 그는 교회를 이끌어 기독교를 '땅끝까지'(행 1:8) 전할 것입니다. 그러므로 사도행전 10-28장에서는 다른 어떤 사람보다 바울이 주요 인물입니다. 바울보다 그 임무에 더 적합한 자는 아무도 없었습니다. 누구보다 진짜 히브리인이었고(빌 3:5; 갈 1:14), 다소 태생으로 헬라 문화에 정통하였고(17:22-31), 로마 시민이었고(16:37), 생업을 교육받아 선교 여행이나 사역할 때 자기를 스스로 부양할 수 있었습니다(18:3).

다소 출신의 강인하고 교활한 이 젊은 랍비는 그리스도인들을 멸절시키고 싶어했습니다. 그는 스데반이 죽고 신자들이 예루살렘에서 추방되는 것으로 교회에 대한 핍박을 끝낼 의도가 전혀 없었기 때문에, 대제사장의 허락을 받아 북동쪽의 다메섹으로 향했습니다. 그는 찾을 수 있는 모든 그리스도인들을 체포해올 심산이었습니다. 그래서 닥치는 대로 불을 지르고 약탈을 하기보다 공식적으로 인정된 치밀한 박해를 계획했습니다.

다메섹은 중요한 도시였습니다. 예루살렘에서 도보로 6일 걸리는 거리로, 스데반의 사후 많은 그리스도인들이 그곳으로 피신

¹⁰그 때에 다메섹에 아나니아라 하는 제자가 있더니 주께서 환상 중에 불러 이르시되 아나니아야 하시거늘 대답하되 주여 내가 여기 있나이다 하니 ¹¹주께서 이르시되 일어나 직가라 하는 거리로 가서 유다의 집에서 다소 사람 사울이라 하는 사람을 찾으라 그가 기도하는 중이니라 ¹²그가 아나니아라 하는 사람이 들어와서 자기에게 안수하여 다시 보게 하는 것을 보았느니라 하시거늘 ¹³아나니아가 대답하되 주여 이 사람에 대하여 내가 여러 사람에게 듣사온즉 그가 예루살렘에서 주의 성도에게 적지 않은 해를 끼쳤다 하더니 ¹⁴여기서도 주의 이름을 부르는 모든 사람을 결박할 권한을 대제사장들에게서 받았나이다 하거늘 ¹⁵주께서 이르시되 가라 이 사람은 내 이름을 이방인과 임금들과 이스라엘 자손들에게 전하기 위하여 택한 나의 그릇이라 ¹⁶그가 내 이름을 위하여 얼마나 고난을 받아야 할 것을 내가 그에게 보이리라 하시니 ¹⁷아나니아가 떠나 그 집에 들어가서 그에게 안수하여 이르되 형제 사울아 주 곧 네가 오는 길에서 나타나셨던 예수께서 나를 보내어 너로 다시 보게 하시고 성령으로 충만하게 하신다 하니 ¹⁸즉시 사울의 눈에서 비늘 같은 것이 벗어져 다시 보게 된지라 일어나 세례를 받고 ¹⁹음식을 먹으매 강건하여지니라 _행 9:10-19

했을 것이 분명했습니다. 게다가, 예루살렘에서 발행된 '망명자 송환 공문'은 다메섹에서 편리하게 사용될 수 있어서 사울은 이곳을 그의 첫 과녁으로 삼고, 차후 다른 도시들에서도 이 운동을 계속할 계획이었습니다.

부르심에 대한 아나니아의 순종

다메섹으로 배경이 이동함에 따라 주님께서 사울을 도우라고 선택한 새로운 인물이 등장합니다. '아나니아'라고 불리는 한 제자가 환상 가운데서 직가에 위치한 유다의 집에 있는 사울에게 가서 그를 돌보라는 지시를 받습니다(행 9:10-11). 우연의 일치이긴 하지만, 동명이인인 이 두 제자의 이름이 사도행전의 초반에 중대한 심판을 받았던 두 제자들의 이름과 짝을 이루는 것은 참 흥미롭습니다(1장의 가룟 유다와 5장의 삽비라의 남편 아나니아). 이러한 결합은 교회의 사역이 사울과 대제사장들로부터 조여 오는 외부의 반대뿐만 아니라 내부의 어려움들에도 불구하고 지속됨을 보여줍니다. 그리고 새로운 교회의 제자들이 이탈한 자들의 직무를 대신하기 위해서 끊임없이 세워지고 보강되고 있음을 보여줍니다(행 1:25).

9절에 나오는 아나니아라는 제자의 성품은 사도행전 22장 12절에 잘 기록되어 있습니다. 그는 사울의 회심에 대해 나무랄 데 없는 훌륭한 증인이었습니다. '제자'로 언급되는 아나니아는 당시 유대인들에게 흔한 이름이었던 것으로 보입니다(행 5:1, 23:2).

이 이름의 히브리적 의미는 '은혜로우시다'라는 뜻입니다. 아나니아는 22장 12절에서 '율법에 의하면 경건한 사람'으로 표현되고, 예수님의 북방 전도(두로, 시돈, 가이사랴 빌립보) 때 회심한 것으로 추정됩니다. 한편 '제자'는 그리스도인에 대한 누가의 다양한 표현 중의 하나입니다.

아나니아는 환상 중에 그리스도로부터 눈이 멀게 된 사울을 도와주라는 명령을 받게 되었습니다. 누가에 의해 극적으로 묘사되어 있는 이 회심기사를 후에 바울 자신이 밝힌 회심기사와 비교해보는 것이 좋을 것입니다(행 22:12-16). 여기서의 초점은 아나니아가 하나님의 명령에 부응해서 인간적인 감정을 억제한 채, 자신의 원수와도 같았던 사울을 기꺼이 형제로서 영접했다는 사실입니다. 한때는 제자들을 핍박했던 사람이 지금은 그 제자들 중 한 사람인 아나니아라는 사람의 도움을 받고 있습니다.

사도행전에서 늘 그렇듯이, 아나니아는 환상을 통하여 그가 해야 할 일을 알아차리게 됩니다. 그는 주님이 그의 이름을 부르실 때 이를 듣고 성경적으로 반응을 보입니다. "내가 여기 있나이다"(창 22:1; 삼상 3:6,8). 하지만 아나니아는 환상을 통한 지시를 받고도 합리적인 반대를 제기합니다. 그는 사울에 관하여, 그리고 그가 주의 성도에게 하려고 했던 가혹한 일들에 관하여 '여러 사람에게'서 알아야 할 것은 벌써 모두 들었습니다. 그러함에도 불구하고 주께서 자신이 이 원수에게 가기를 원하시는지는 의문이었습니다. 그랬던 아나니아가 사울을 받아들이게 된 일에 관해 두 가지 중요한 구절을 검토해봅니다.

첫째, "환상(幻像) 중에 불러", 이 구절은 아나니아의 구약적인 계시 경험(삼상 3:1-9)에 대한 진술입니다. 이 언급은 사실적 묘사라기보다 신적 계시에 대한 문학적 묘사로 이해할 수도 있을 것입니다. 그러나 성경에서 환상은 하나님의 계시의 방편으로서 계시 전달자에게 실제적으로 일어납니다. 본 절에서 아나니아가 본 환상은 ① 사울을 택하기 위한 주의 치밀한 섭리를 강조하며, ② 아직도 의구심에 사로 잡혀 있을 사울에게 증거가 되는 기능을 갖고 있습니다.

둘째, "주여 내가 여기 있나이다", 예수님의 부름에 대한 아나니아의 이 대답은 구약적인 형식을 띠고 있습니다(창 22:1; 삼상 3:4). 따라서 본 절에서는 누가가 사울의 소명 사건을 구약시대의 소명 사건과 일치시키고자 노력한 것이었음을 알 수 있습니다.

다메섹 도상에서 일어난 일

1세기의 도시 다메섹(Damascus)은 로마제국의 시리아 속주에 있는, 예루살렘에서 북동쪽으로 150마일 지점에 위치한 국제적으로 중요한 도시였습니다. 그곳은 데카폴리스(데가볼리 Decapolis)

라고 알려진 그 지역의 헬라 도시들의 연결망 가운데 하나였습니다. 그곳에는 대다수의 그리스나 로마의 시민들 외에도 상당수의 유대인이 거주하고 있었고, 적어도 얼마 동안 아레다 왕이 지배하는 나바테아(Nabataea)라는 아라비아 왕국으로부터 영향을 받았습니다. 사울은 6일 간의 여행을 거의 마치고 이 다메섹 가까이에 이르렀습니다. 지금까지 남아 있는 고대 도시들 중 두 번째로 오래된 도시가 다메섹입니다. 다소가 가장 오래된 도시라고 합니다.

이제 하나님은 이곳에서 증오의 사명을 천국의 메시지로 바꾸셨습니다. 사울은 빛을 보았고 하늘로부터 나는 소리를 들었습니다. 독실한 유대인에게 이것은 틀림없이 하나님으로부터 오는 말씀이었습니다. 주님은 새롭게 선택된 이 사람에게 새로운 믿음과 구약성경에 대한 새로운 해석, 하나님의 구속에 대한 새로운 시각과 새로운 종말론, 그리고 그 도를 따르는 자들과 동일시됨과 그의 생을 위한 새로운 사명을 부여하셨습니다. 확실히 그 모든 것은 앞으로 표출될 것이었으나, 그것은 정확히 다메섹 도상의 바로 이 시점에서 시작되었습니다.

사도행전 9장 초반의 사울에 대한 묘사는 사도행전 7장 54절에서 8장 3절까지의 말씀 속에 복선으로 암시된 사울 이야기의 묘사와 함께, 이제 사도행전 전체 내러티브를 이끌어 갈 중심인물에 대한 이야기가 매우 이례적인 역사적 사실로 출발합니다.

사도행전 9장에 나오는 사울의 변화에 대한 보도가 이전의 문맥에서 다루고 있는 빌립의 전도 사역 이후라고 보면 다소 갑작스런 묘사라고 생각되는 것이 사실입니다. 그러나 사도행전 9장 1-19절의 상반절까지 묘사되는 사울의 회심(소명) 사건은 빌립이 사마리아 성에서 유대인들 또는 이방인들 가운데 어느 한 쪽에도 속할 수 없는 자들에게 복음을 전파한 후에, 가사로 내려가는 길에 에디오피아 여왕의 내시(비유대인)를 만나는 사건(행 8:26-40)과, 베드로가 룻다, 시론, 욥바를 거쳐 가이사랴까지 이르러 그곳에서 로마 군대의 백부장인 고넬료(하나님을 경외하는 비유대인)의 집에 들어가 그와 그의 일가와 친구들을 만나는 사건 (행 10:1-48) 사이에 놓여 있습니다. 이것은 앞으로 이방인(비유대인)의 사도로서 사역하게 될 사울의 장래를 내러티브의 문맥 배치에서 암시해주는 것이라고 할 수 있습니다.

사울은 정오쯤(행 22:6, 26:13) 거의 목적지에 다다랐을 때 홀연히 하늘로서 빛이 저를 둘러 비추는 것을 보았습니다. 본문에는 사울이 그리스도를 보았는지에 대한 언급이 분명하게 나타나지 않지만, 그런 사실이 함축되어 있습니다.

신약에서는 부활하신 주님을 만나는 것이 사도직의 필요조건이었습니다(고전 9:1, 15:8). 또한 아나니아(행 9:17)와 바나바(행 9:27)의 증언은 그가 예수님을 눈으로 목격하였음을 확증합니다. 사울은 빛나는 주의 영광을 목격하였을 뿐만 아니라 예수 그리스도의 음성을 들었습니다(예수님께서 하신 말씀의 나머지 부분에 대해서는 사도행전 22:8,10,17,21, 26:15-18을 참조하십시오.).

사울은 이단자들을 뒤쫓고 있다고 생각하였으나, 그 음성에 따르면 그의 소행은 예수님을 공격하는 것이었습니다. "나는 네가 박해하는 예수라"(행 9:5). 이로 보건대, 오늘날 신자를 핍박하는 자는 누구든지 예수님을 핍박하는 죄를 짓는 것입니다(마 25:40,45). 신자들은 지상에 있는 그리스도의 지체이기 때문입니다. 이것은 그리스도와 그의 교회 사이에 존재하는 연합에 대한 강력한 발언입니다. 한편, 아나니아와 바나바의 증언은 아나니아가 바울에게 와서 안수를 통해 눈을 뜨게 해줄 것이라는 사실을 바울이 환상으로 이미 알고 있었음을 보여줍니다(행 9:12). 다시 말하면 예수님께서 사울에게 아나니아의 일을 보여주었다는 말입니다. 따라서 사울은 두 번째 환상을 본 셈이 됩니다.

이같이 치밀한 과정을 통해 예수님이 사울을 회심시키는 사실을 볼 때, 사울에 대한 예수님의 깊은 애착을 볼 수 있습니다. 뿐만 아니라 사울의 철저한 유대교적 사상과 기독교를 탄압하였던 광신적 열정만큼이나 사울의 회심은 간단하게 이루어지지 않을 일이었습니다. 그가 겪은 깊은 고뇌와 예수님의 집요한 노력이 사울의 회심을 가능하게 하였습니다.

우리는 한 개인이 회심한 것으로만 만족해서는 절대로 안 됩니다. 그것은 단지 시작일 뿐입니다. 어떤 사람에게 새생명을 가져

다주는 그와 같은 은혜는 그(녀)를 그리스도의 형상으로 변화시킬 수 있습니다. 그로 말미암아 새로운 회심자들은 누구나 변화된 사람이 되어가며, 그것을 증명하기 위한 새로운 칭호를 갖게 됩니다. 즉, 하나님과 새로운 관계가 되었다는 점에서 '제자'(행 22:26) 혹은 '성도'(행 22:13)라는 칭호를, 교회와 새로운 관계가 되었다는 점에서 '형제'(행 22:17) 혹은 '자매'라는 칭호를, 세상과 새로운 관계가 되었다는 점에서 '증인'(행 22:15, 26:16)이라는 칭호를 갖게 되는 것입니다.

사울의 회심과 소명에 대한 설명

사도행전 9장에서 이 사건과 관련되어 나오는 대화들은 사울과 아나니아의 대화 모두가 그들에게 말씀하시는 이가 성부가 아니라 예수님이심을 가리킵니다. 그것은 특히 9장 14-16절에서 분명합니다. 8장에서와 달리 여기에서는 베드로와 요한이 등장하지 않습니다. 사도 중 누구도 미래에 사도가 될 바울을 인준하기 위해 예루살렘에서 황급히 달려오도록 연락받지 않았습니다. 하지만 사실 이 눈멀고 상한 바리새인보다 앞으로 지중해 세계에서 그리스도를 위해 더 큰 영향을 미칠 사도는 없었습니다. 그럼에도 그는 예루살렘 교회와 어떤 유대 관계도 맺지 않았습니다. 하나님은 종교적 의식과 시시하고 장황한 이야기들에는 관심이 없으셨습니다. 그분은 중생과 성화에 초점을 두십니다. 성경에서 이 단락의 제목을 성별(聖別)로 정할 수 있는 것은 그 말이 하나님의 목적을 위해 따로 떼어 둠을 의미하기 때문입니다. 이 구절에서 일어난 일이 바로 그것이었습니다.

바울은 맹인이 되어 방황했고, 에디오피아 내시는 성경을 읽고 혼동하고 있었습니다. 베드로는 하늘에서 내려온 보자기 환상에 어리둥절하였습니다(행 10-11장). 개종이란 어두움에서 빛으로, 혼돈에서 의미를 찾는 극적인 전환입니다. 사도행전 9장은 하늘에서 비쳐온 빛과 사울이 믿음을 갖게 하는 음성을 이야기해줍니다. 그는 맹인이 되었다가 보게 됩니다. 마지막 단계는 믿음의 공동체가 이 새내기를 붙들어주고 그들의 삶 속으로 받아들입니다. 새롭게 개종한 사울은 환영받고, 세례를 받고, 교회가 나누는 식탁의 교제에 함께하였습니다.

누가는 사도행전에서 사울의 회심과 소명에 대해 세 번 설명합니다(행 9:1-9, 22:3-16, 26:4-18). 그런데 사울은 자신의 회심에 대하여 다른 곳에서 네 번 언급합니다(고전 9:1, 15:8-10; 갈 1:13-17; 빌 3:4-11). 다메섹에서 현현하신 예수 그리스도는 사울에게 복음이 진리이며, 예수님이 죽은 자 가운데서 부활하신 메시아이시며 하나님의 아들임을 확증하였습니다. 이 체험을 통해 예수님이 진정한 메시아라는 사실을 인식한 바울의 믿음과 신학은 획기적으로 변했습니다. 다메섹으로 그리스도인을 죽이러 가던(행 9:1) 그가 도리어 거기서 예수님을 주로 선포하다가 생명의 위협을 느끼고 도피한(행 9:23-25) 급박한 정황의 변화가 그것을 입증해줍니다. 그리하여 바울은 자신의 사도권의 토대를 그가 주님을 보았고 그분과 대화했다는 사실에 두게 되었습니다.

아나니아가 말을 마쳤을 때 즉시 비늘 같은 것이 사울의 눈에서 떨어졌고, 그는 사도행전에서 주님께 나오는 모든 사람들이 하는 대로 세례를 받았습니다. 이로써 그는 예루살렘과 사마리아와 다메섹과 에디오피아 및 복음이 전해진 모든 곳의 그리스도인들과 동료가 되었습니다. 세례를 받은 후에야 그는 음식을 먹고 기력을 회복했습니다. 이런 몇 분(혹은 몇 초) 사이에, 중생의 순간에 일어나는 표준적인 경험으로서 하나님은 다소의 사울을 성령으로 충만하게 하셨습니다.

사도행전 8장과 19장 1-7절에 나오는 현상은 성경적인 양식의 예외를 나타냅니다. 어떤 특정 인물의 어떤 개종도 모든 그리스도인들에게 표준이 되지 않습니다. 단지 모든 개종이 우리를 우리 자신들의 계획대로 내버려두지 아니하시는 은혜롭고 사랑이 많으신 하나님과 마주친 결과라는 사실만 제외하면 그러합니다. 왜냐하면 "어두운 데에 빛이 비춰라 말씀하셨던 그 하나님께서 예수 그리스도의 얼굴에 있는 하나님의 영광을 아는 빛을 우리 마음에 비추셨"기 때문입니다(고후 4:6).

예수님의 증인이 될 사람을 찾으신다

바울의 다메섹 경험은 그리스도가 팔레스틴 이외의 지역에서 나타나신 최초의 계시 사건이며, 복음이 팔레스틴의 이스라엘 백성들의 전유물이 되었던 것을 깨어버리는 사건입니다. 아나니아의 역할이 강조된 것은 예루살렘 교회가 바울에게 복음을 전했으므로 바울의 사도권이 사람에게 의존되어 있었음을 보여주기 위한 의도라는 주장도 있었습니다. 그러나 바울은 사람에게 의존한 것이 아니라고 주장했습니다(갈 1:12).

오늘날 이 세상에는 다소의 사울처럼 회심하지 않은 사람들이 많습니다. 사울과 마찬가지로 원래부터 사람들은 지성과 인격이라는 천부적 은사들을 풍부하게 받았습니다. 그들은 개성과 활력과 진취성과 추진력을 갖고 있으며, 그들의 비기독교적 소신을 용기 있게 주장합니다. 그들은 대단히 진실합니다. 그러나 그들은 진정으로 잘못되어 있습니다. 사울처럼 예루살렘에서 다메섹으로 여행하고 있었으며, 단호하고, 완고하며, 심지어 광신적으로 그리스도를 거부합니다. 그럼에도 그들은 그리스도의 주권적 은혜가 미치지 않는 곳에 있는 것은 아닙니다. 우리는 더 많은 믿음과 더 많은 기대를 갖고서 그리스도께서 그들을 위해 먼저 그의 가시 돋힌 채찍으로 그들의 심령을 찌르고, 그런 다음에는 그들을 결정적으로 붙드시도록 기도해야 합니다.

주님은 오늘도 여전히 일상생활 속에서 또는 특별한 사역 속에서 "그 이름을 위하여"(행 5:41) 예수님의 증인으로 나타나야 될 사람을 찾고 계시리라 믿습니다. 무엇보다 하나님을 위해 각자의 삶의 자리에서 최선과 열심을 다하고 있다면, 그것은 참으로 축복받은 일임에 틀림없습니다.

그러나 필자를 비롯하여 목회의 자리에 서 있는 교역자나 전도자들은 늘 신중하게 자기 자신을 돌아볼 필요가 있습니다. 그것은 내가 하는 일과 자신의 계획이 늘 하나님이 기뻐하시는 것이며 하나님의 뜻과 일치한다고 믿는(또는 믿고 싶은) 유혹의 위험성 때문입니다.

실로 하나님 그분을 날마다 새롭게 볼 수 있는 은총, 나 자신과 내 사명이 늘 새로울 수 있는 은총이 필요합니다. 그래서 내 주위에 있는 사람들을 다시 바라볼 수 있는 은총을 허락해달라고 주께 고백하는 날마다의 삶이 되어야 한다고 봅니다.

하나님은 아나니아를 사울에게로 보내어 그가 다시 볼 수 있도록 그에게 안수하게 하셨습니다(행 9:12). 그랬기 때문에 아나니아가 사울에게 도착했을 때 예수님께서 자기를 보내어 그로 하여금 다시 보게 하시고 성령으로 충만하게 하실 것이라고 말할 수 있었습니다.

사울에게는 열두 사도들에게 나타났듯이 성령 충만에 대한 구체적이고 극적인 언급은 없지만, 그의 변화된 삶과 그 다음에 나오는 업적은 그의 삶 속에 임한 성령의 권능을 여실히 말해줍니다. 결국 사울이 시력을 되찾고 세례를 받았을 때, 그는 성령으로 충만하였습니다.

12

이방인을 구원하신
성령의 권능 _행 11:1-30

누가가 전한 아이러니한 상황

사도행전 11장은 다음과 같은 내용으로 구성되어 있습니다. ①
베드로가 고넬료와 그의 친구들을 교회 안으로 받아들인 것에 대
하여 형제들이 비난하자 불가피하게 이에 대하여 해명하였고 형
제들이 묵인함(행 11:1-18), ② 안디옥과 인근 지역에서 복음이
큰 성공을 거둠(행 11:19-21), ③ 안디옥에서 시작된 선한 역사가
처음에는 바나바의 섬김을 통해 나중에 그와 연합한 바울의 섬
김으로 계속되었고, 그리스도인이란 이름이 최초로 그곳의 제자
들에게 붙여짐(행 11:22-26), ④ 다가올 기근에 대한 예언과, 이로
인하여 가난해진 유대에 있는 성도들을 구제하기 위해 이방인 출

¹유대에 있는 사도들과 형제들이 이방인들도 하나님의 말씀을 받았다 함을 들었더니 ²베드로가 예루살렘에 올라갔을 때에 할례자들이 비난하여 ³이르되 네가 무할례자의 집에 들어가 함께 먹었다 하니 ⁴베드로가 그들에게 이 일을 차례로 설명하여 ⁵이르되 내가 욥바 시에서 기도할 때에 황홀한 중에 환상을 보니 큰 보자기 같은 그릇이 네 귀에 매어 하늘로부터 내리어 내 앞에까지 드리워지거늘 ⁶이것을 주목하여 보니 땅에 네 발 가진 것과 들짐승과 기는 것과 공중에 나는 것들이 보이더라 ⁷또 들으니 소리 있어 내게 이르되 베드로야 일어나 잡아 먹으라 하거늘 ⁸내가 이르되 주님 그럴 수 없나이다 속되거나 깨끗하지 아니한 것은 결코 내 입에 들어간 일이 없나이다 하니 ⁹또 하늘로부터 두 번째 소리 있어 내게 이르되 하나님이 깨끗하게 하신 것을 네가 속되다고 하지 말라 하더라 ¹⁰이런 일이 세 번 있은 후에 모든 것이 다시 하늘로 끌려 올라가더라 ¹¹마침 세 사람이 내가 유숙한 집 앞에 서 있으니 가이사랴에서 내게로 보낸 사람이라 ¹²성령이 내게 명하사 아무 의심 말고 함께 가라 하시매 이 여섯 형제도 나와 함께 가서 그 사람의 집에 들어가니 ¹³그가 우리에게 말하기를 천사가 내 집에 서서 말하되 네가 사람을 욥바에 보내어 베드로라 하는 시몬을 청하라 ¹⁴그가 너와 네 온 집이 구원 받을 말씀을 네게 이르리라 함을 보았다 하거늘 ¹⁵내가 말을 시작할 때에 성령이 그들에게 임하시기를 처음 우리에게 하신 것과 같이 하는지라 ¹⁶내가 주의 말씀에 요한은 물로 세례를 베풀었으나 너희는 성령으로 세례를 받으리라 하신 것이 생각났노라 ¹⁷그런즉 하나님이 우리가 주 예수 그리스도를 믿을 때에 주신 것과 같은 선물을 그들에게도 주셨으니 내가 누구이기에 하나님을

능히 막겠느냐 하더라 ^{18} 그들이 이 말을 듣고 잠잠하여 하나님께 영광을 돌려 이르되 그러면 하나님께서 이방인에게도 생명 얻는 회개를 주셨도다 하니라 ^{19} 그 때에 스데반의 일로 일어난 환난으로 말미암아 흩어진 자들이 베니게와 구브로와 안디옥까지 이르러 유대인에게만 말씀을 전하는데 ^{20} 그 중에 구브로와 구레네 몇 사람이 안디옥에 이르러 헬라인에게도 말하여 주 예수를 전파하니 ^{21} 주의 손이 그들과 함께 하시매 수많은 사람들이 믿고 주께 돌아오더라 ^{22} 예루살렘 교회가 이 사람들의 소문을 듣고 바나바를 안디옥까지 보내니 ^{23} 그가 이르러 하나님의 은혜를 보고 기뻐하여 모든 사람에게 굳건한 마음으로 주와 함께 머물러 있으라 권하니 ^{24} 바나바는 착한 사람이요 성령과 믿음이 충만한 사람이라 이에 큰 무리가 주께 더하여지더라 ^{25} 바나바가 사울을 찾으러 다소에 가서 ^{26} 만나매 안디옥에 데리고 와서 둘이 교회에 일 년간 모여 있어 큰 무리를 가르쳤고 제자들이 안디옥에서 비로소 그리스도인이라 일컬음을 받게 되었더라 ^{27} 그 때에 선지자들이 예루살렘에서 안디옥에 이르니 ^{28} 그 중에 아가보라 하는 한 사람이 일어나 성령으로 말하되 천하에 큰 흉년이 들리라 하더니 글라우디오 때에 그렇게 되니라 ^{29} 제자들이 각각 그 힘대로 유대에 사는 형제들에게 부조를 보내기로 작정하고 ^{30} 이를 실행하여 바나바와 사울의 손으로 장로들에게 보내니라 _행 11:1-30

신의 회심자들이 헌금함(행 11:27-30) 등입니다.

우리는 누가가 제기하는 또 하나의 아이러니한 상황을 대하게 됩니다. 가이사랴에서 일어난 이방인 회심자 고넬료의 사건에서 핵심적인 역할을 한 베드로가 예루살렘으로 돌아오자, 고넬료의 집에서 일어난 사건에 대한 소문을 들은 예루살렘의 사도들과 형제들이 그 위대한 일을 마치고 돌아오는 베드로를 정면에서 비난한 것입니다(행 11:1-2). 여기의 '비난했다'라는 말은 단순한 질책이나 이의 제기가 아니라 적대감을 가지고 정죄의 의도로 비난하고 논쟁하는 것을 말합니다.

그런데 누가는 거기에서 한 걸음 더 나아갑니다. "그들이 왜 베드로를 비난할 수밖에 없었는가?"에 대한 문제의 답을 밝히는 것입니다. 그들이 베드로를 비난한 결정적인 이유가 무엇인지 누가가 확인해주는 것을 보고 우리는 더 큰 충격을 받습니다. 왜 이방인에게 복음을 전했느냐는 것도, 왜 이방인을 구원의 길로 인도했느냐는 것도 아닙니다. 할례자들인 자신들의 전통과 관습을 깨고 무할례자들의 집에 가서 함께 먹은 것이 비난의 결정적 이유였기 때문입니다. 그러나 하나님은 인간의 차별과 편파성 가운데서도 길을 찾아내시는, 은혜로운 자극을 주시는 분이십니다.

전통과 관습과 고정관념과 자신의 이론을 바꾸거나 포기할 수 없어서 더 근본적인 문제들을 망치고 있는 일들을 우리는 교회 안팎에서 얼마나 자주 봅니까? 아마도 베드로는 몹시 답답했을 것입니다. 며칠 전 자신이 어리석게도 하나님께 대놓고 큰 소리 쳤던 그 말을 지금 동료 증인들이 자기에게 퍼붓고 있으니 말입니다. 이전의 베드로라면 이쯤에서 한두 사람의 귀를 베어버리고 싶은 유혹을 받았을 것이나, 지금의 그는 성령 충만한 사람이었습니다. 그는 문제가 되는 바로 그 문제에 관해 주님과 논쟁했고 마침내 하나님의 은혜에 복종했습니다. 비록 고넬료의 회심으로 그들이 흥분했을 것이나, 베드로는 이 형제들이 왜 깨끗함과 더러움의 문제로 갈등하는지 충분히 이해할 수 있었습니다. 그 역시 그 끔찍한 보자기에서 동일한 문제로 괴로워했기 때문이었습니다.

유대적 교회의 놀랄만한 전환점

11장에서 한 가지 미묘한 차이는 문체의 문제입니다. 학자들은 베드로가 고넬료에게 일종의 '유대인 헬라어'로 말한 반면 출신지에 돌아온 지금은 아람어로 말함으로써, 다소 거드름을 피우는 듯한 10장의 3인칭 문체가 11장에서 참신한 개인적 간증으로 바뀐다고 봅니다. 물론 우리는 그 자료를 다루는 누가의 문학적 솜씨를 고려해야 할 것이나, 일반적으로 사용하지 않는 제2의 언어로 신학적 문제들을 가르친 사람이 똑같은 내용을 본래의 모국어로 말할 때, 누구에게나 그것이 얼마나 다르게 들릴지는 십분 이해할 수 있습니다.

고넬료에게 복음이 전해진 일은 우리 같은 가련한 죄인들인 이방인들에게는 크게 기쁘고 감사할 만한 일이었습니다. 이는 어둠 가운데 앉아 있던 우리들에게 빛이 임한 것이었기 때문입니다. 이제 이 사건이 믿지 않는 유대인들뿐 아니라 믿는 유대인들에게도 크게 놀랄 만한 것이었기에 그 사건이 어떻게 받아들여졌는지, 그에 대하여 어떠한 설명이 있었는지 알아볼 필요가 있습니다. 우리는 여기서 다음과 같은 사실을 알 수 있습니다.

가이사랴는 예루살렘에서 그리 멀지 않은 곳이었기에 그들이 이 소식을 얼마 안 있어 들을 수 있었습니다. 어떤 이는 선의로, 어떤 이는 악의로 이 소식을 퍼뜨렸을 것입니다. 그리하여 베드로 자신이 예루살렘에 돌아오기도 전에 예루살렘과 유대에 있는 사도들과 형제들이 이방인들도 하나님의 말씀, 즉 그리스도의 복음, 다시 말해서 하나님의 말씀 한 구절이 아니라 하나님의 말씀 자체를 받았다는 것을 들었습니다.

하나님의 말씀은 모든 계시의 요약이며 중심입니다. 그들이 그리스도를 받았습니다. 왜냐하면 그 이름은 하나님의 말씀이라 칭하여졌기 때문입니다(계 19:13). 이방 나라들 가운데로 흩어졌던 유대인들과 유대교로 개종한 이방인들뿐 아니라 그때까지 그들과 일반적으로 교제하는 것조차도 불법이라고 여겼던 이방인들까지도 교회 공동체에 허입되었습니다.

이방인들이 하나님의 말씀을 받았다는 것은 예루살렘에서 큰 화제가 되었습니다. 사마리아인 하나 둘이라면 논쟁할 것도 없었습니다. 마찬가지로 에디오피아 관원 한 사람이 하나님의 말씀을 받은 것을 이해하고 축하하는 것도 수월했습니다. 그러나 이방인의 환경에 있는 한 이방인 가족 전체가 영향을 받다니요! (그들이 신생 교회에서 오순절에 받았던 것과 똑같은 방식으로 성령을 받았다는 것은 말할 것도 없습니다.) 그것은 아직까지 매우 유대적이었던 이 교회로서는 확실히 놀랄만한 전환점이었습니다.

교회 안에서 유대인과 이방인 사이가 분열할 수 있는 잠재적 가능성과, 그 '교제'로 인해 터지게 될 문제들(이때 교제는 예외 없이 음식을 포함합니다. 행 2:42,46)은 심각한 문제를 초래할 수도 있었습니다. 사도들이 그 문제를 지혜롭게 다루지 않았다면 그 결과는 의심할 여지없이 더 이상한 교회가 아니라, 완전히 분리된 두 교회가 될 수 있는 가능성도 있었습니다.

15절에서 처음은, 특히 베드로가 성령이 어떻게 고넬료 일가에 임하셨는지를 설명하는 문맥에 비추어볼 때, 그것은 오순절에서처럼 교회의 시작을 의미할 수 있습니다. 16절에 담긴 흥분은 우리를 미소 짓게 만듭니다. 가이사랴에서 심지어 그가 설교를 마치기도 전에 성령이 임하시는 것을 보았을 때 베드로가 어떤 느낌을 가졌을지 상상해보십시오. 그는 "내가 주의 말씀하신 것이 생각났노라"라고 말합니다. 그것은 언제나 좋은 생각입니다. 여기에서 그는 구체적으로 사도행전 1장 5절을 언급합니다. 이 약속은 흔히 세례 요한의 입에서 나왔었습니다(막 1:4-8, 눅 3:15-18). 그러고 나서 결론적인 논증을 합니다.

"하나님이 이 모든 일을 하고 계셨으며, 그분이 우리 유대인들을 다루신 것과 동일한 방식으로 이방인들을 다루고자 하셨으니, 내가 누구관대 하나님을 능히 막겠느냐?"

그 논지는 분명했습니다. 이방인에게 세례 주는 것을 반대하는 것은 하나님을 반대하는 것입니다. 베드로는 비판을 전혀 예상하지 않았을 때, 비판 받을 일을 하지 않았을 때, 그리고 그 비판을 이해할 수 없었을 때 비판을 당했습니다. 그러나 그는 주님을 신뢰했고 그분의 부르심을 신뢰하였으며, 그분이 그의 삶속에 가져오신 경험들을 신뢰했습니다. 그 결과는 즉각적인 수용이었습니다. "너희는 성령으로 세례를 받으리라 하신 것(주님의 말씀)이 생각났노라"(행 11:16), "하나님이 우리가 주 예수 그리스도를 믿을 때에 주신 것과 같은 선물을 그들에게도 주셨으니"(행 11:17)라는 말로 이어지는 베드로의 이야기가 진행됩니다.

이방 기독 교회는 헬라 문화에 사는 이방인에게 문호를 개방하여 할례자와 교제하였고, 복음은 이방인 선교를 통해 비국적화되고 만민을 위한 구원의 메시지가 되었습니다. 모든 교인들이 "이제 하나님이 이방 사람들에게도 회개하여 생명에 이르는 길을 열어주셨다"라고 말하면서 하나님께 영광을 돌렸습니다(행 11:18).

사도행전에서 이방인들을 위한 선교의 문을 열어놓은 사람은 베드로였습니다. 모든 논란을 잠재운 것은 이방의 청중들에게 강림하신 성령이라고 베드로는 변론하였습니다. 이는 이방인들을 교제권 안으로 받는 것이 하나님의 뜻이었음을 보여주는 완전한 증거였습니다. 분명하고 부인할 수 없는 사실이었습니다(15절).

회개의 근거

죄인은 하나님께서 그를 위해 뭔가를 하시지 않으면 믿을 수도 회개할 수도 없습니다. 그러므로 만일 그가 회개하고 믿는다면 (칼빈이 정리한 순서는 중생, 회개, 믿음) 그가 그것을 자기 스스로 육체 안에서 한 것인지 아니면 하나님께서 그것을 하셨는지 분간할 수 없게 됩니다.

눈에 보이는 증거, 즉 눈물을 흘리며 애통해 하고 슬퍼하며 모든 죄에서 돌아서는 것이 있다면, 그것은 그 회개가 육신이 아니라 하나님에 의해 이루어진 것임을 증명합니다. 그것을 그들은 '사도적 은혜'라고 말하는데, 그들에게 받아들여지는 유일한 증거는 회심한 증거로 나타난다는 알미니안주의식의 거룩함입니다. 그것은 절대적인 죄 없음의 상태이며 히스테리컬한 감정의

노출이 수반되는 상태입니다.

이런 '경건한 회개'는 대개 일정한 형식을 따릅니다. 한 예를 들면, 5-10년간 설교해오던 목사가 갑자기 '회심하는 것'입니다. 회심할 때까지 그는 성경대로 믿는 목사로서 거듭남을 설교할 수 있습니다. 그러다가 갑자기 그는 자신이 정말로 회개한 적이 결코 없다고 생각합니다. 그리고 진짜 회개를 근거로 해서 그는 이제 자신이 중생한 죄인이라고 주장합니다. 그리고 아무 일도 일어나지 않은 것처럼 그의 사역을 계속합니다. 이것이 정확하게 디모데전서 3장에 맞는다고 말하기는 다소 어렵습니다. 그러나 이보다 더 희한한 일들이 기독교계에서 진행되어 왔습니다.

그런데 본문(하나님께서 이방인들에게도 회개를 주셨도다)은 로마서 11장 1-28절에서도 볼 수 있듯이, 하나님께서 이방인들에게 복음의 특권들과 약속들을 얻을 기회를 부여하셨음을 말하는 것입니다. 그 말씀은 (로마서 11장처럼) 민족적인 특권들에 관해 말하고 있습니다. 어떤 사람이 10년간 사역한 후에, 그의 의지에 상관없이 하나님께서 어떤 죄인을 돌이키시는 것을 말하는 게 아닙니다.

베드로의 자초지종을 다 들은 그 사람들은 잠잠해졌습니다. 이의를 제기할 수 없게 된 것입니다. 그리고 하나님께 영광(찬양)을 돌렸습니다. 이 깨달음이 그들에게도 은혜가 되고 기쁨이 된 것입니다. 그들은 여기에서 한 걸음 더 나아가 자기들의 말로 위대한 진리를 선언합니다. "하나님께서 이방인에게도 생명 얻는 회개를 주셨도다"(18절). 이 대목에서 설교자는 우리 교회들도 이 사람들처럼 진리에 대하여 지혜롭고 은혜로우며 열린 마음을 가졌으면 하는 바람을 설교하고 싶은 의욕이 생길 수 있을 것입니다. 좌우간 이 일로 말미암아 복음이 이방인을 향하는 길목을 막고 있던 결정적 장애물이 깨뜨려지면서 복음은 새 역사의 장에 들어서기 시작합니다. 이방인 전도는 이제 더 이상 교회 안에서 문제가 될 수 없다는 대원칙이 선언되었고, 장벽을 깨고 이방인을 향하는 복음 진군의 역사가 시작될 시점이 왔음을 암시합니다.

우선 고넬료와 같은 이방인들이 구원에 포함되었습니다. 기본적으로 좋은 사람들이기 때문이 아니라 이스라엘과 똑같이 회개할 수 있는 사람들로서 말입니다. 회개란 내가 그리스도를 향하여 내딛는 영웅적인 첫걸음이 아니며, 내 죄에 대해 미안하게 느끼는 감정도 아닙니다. 회개는 진리를 향하여 돌아설 수 있게 하시는 하나님의 선물입니다.

하나님이 새 방식으로 일하기 시작하시다

진리를 향하여 나 자신과 내 형편으로부터 온전히 돌아선다는 것은 분명히 내 능력 밖의 일입니다. 고넬료처럼 우리는 스스로 회개(돌아서기)를 할 수 없습니다. 그래서 하나님께서 나를 위하여 그렇게 하도록 해주십니다. 그리스도 안에서 하나님이 우리를 향하여 돌아서주셨고 우리에게 회개를 '주셨습니다'(5:31, 11:18). 놀랍게도 고넬료는 이 이야기에서 피동적입니다. 마치 그는 사건들에 의해 밀리고 옮겨 다니면서 스스로 하거나 억제하는 일도 자기 능력 밖에 있는 듯한 반응을 보이는 사람처럼 행동합니다. 회개란 바로 이런 것입니다.

"성령이 그들에게 임하시기를 처음 우리에게 하신 것과 같이" (행 11:15).

"우리가 주 예수 그리스도를 믿을 때에 주신 것과 같은 선물을 그들에게도 주셨으니"(행 11:17).

누가는 이 말을 "하나님이 유대인과 이방인 간의 장벽을 허무시고 아무런 차별도 하지 않으신다"라는 뜻으로 해석했습니다.

하나님이 이방인에게도 생명 얻는 회개를 주셨다는 사실을 알았을 때, 그 회중의 반응은 하나님께 영광을 돌리는 것이었습니다. 이것은 이 신흥 교회가 영적으로 건강하다는 사실을 보여주는 놀라운 일례입니다. 그들은 수세기 동안 유대인의 율례와 규례에 젖어 있었음에도 불구하고, 겨우 몇 달에 걸쳐 하나님이 보여주신 기사들을 보고서 하나님이 새로운 방식으로 역사하고 계심을 알았기 때문입니다.

물론 예수님께서 그들에게 이방 세계를 가리키는 말씀과 예를 주셨음에도 불구하고(마 28:19; 행 1:8) 그들은 상당한 타성을 극복해야만 하였습니다. 그들이 그토록 빠르게 하나님의 사역에 마음을 열고 베드로의 지도력에 그토록 호의적인 반응을 보였다는 사실은 그들의 삶에서 역사하시는 성령의 사역을 잘 이야기해 줍니다. 사람으로서는 그렇게 할 수 없습니다. 수천 년을 이어온 전통과 관습을 바꾼 것이기 때문입니다.

13

중풍병자를 일으킨
예수님의 치유 권능 _눅 5:17-26

치유보다 중요한 예수님의 죄 사함 권세

여기에서 우리는 하나의 생생한 이야기를 볼 수 있습니다. 예수님께서는 어떤 집에서 사람들을 가르치고 계셨습니다. 팔레스타인 지방의 집은 지붕이 평평하였습니다. 지붕이라고 해도 단지 빗물을 흘러내리게 할 정도로 경사졌을 뿐입니다. 벽과 벽 사이에는 아주 짧은 간격으로 들보가 놓여 있었습니다. 들보 사이의 공간은 꼭 묶은 작은 나뭇가지로 메우고 석회 반죽으로 꽉 틀어막아 그 위에 회토를 발랐습니다. 두 개의 들보 사이에 막아둔 것을 들어내는 것은 아주 쉬운 일이었습니다. 실제로 지붕을 뚫고 관(棺)을 집으로 들여오거나 내어가는 일이 허다했습니다.

사실 이 본문의 제목으로 흔히 '중풍병자를 고치심'이란 명칭이 붙여지고 있지만, 사실상 이 본문이 예수님께서 한 중풍병자를 고쳐주신 이적 이야기만 전해주고 있는 것은 아닙니다. 본문 가운데에는 이 이적 이야기와 더불어 병자의 죄를 사해주는 이야기, 그리고 예수님의 죄 사함과 관련된 논쟁 이야기를 포함하고 있습니다. 그래서 이 본문은 오래 전부터 많은 사람들에 의해서 독립된 두 전승 자료의 결합으로 생각되어 왔습니다.

양식 비평가들의 분류를 따른다면, 하나는 중풍병자를 고친 이적 이야기(5:17-20a, 24b-26)이고 다른 하나는 예수님이 죄를 사할 수 있는 권세를 갖고 있음을 전하는 '아포테금'(apophthegm) 혹은 '선언 이야기'(the pronouncement story)입니다. 이 경우 이적 이야기는 예수님이 죄를 사할 수 있는 권세를 갖고 있음을 선포하기 위한 틀로 이용되고 있는 셈이고, 따라서 이적 이야기는 예수님이 이적으로 병을 고쳤다는 이야기 자체보다는 예수님이 갖고 있는 죄 사함의 권세를 선포할 목적으로 소개되고 있는 것에 지나지 않습니다. 이렇게 생각한다면, 이 본문의 제목으로는 '중풍병자를 고치심"이 그렇게 적절한 것이 못되는 셈입니다. 왜냐하면 그것은 이 본문의 본질적인 혹은 일차적인 요소가 아니라 부수적인 이야기에 지나지 않기 때문입니다.

^{17}하루는 가르치실 때에 갈릴리의 각 마을과 유대와 예루살렘에서 온 바리새인과 율법교사들이 앉았는데 병을 고치는 주의 능력이 예수와 함께 하더라 ^{18}한 중풍병자를 사람들이 침상에 메고 와서 예수 앞에 들여놓고자 하였으나 ^{19}무리 때문에 메고 들어갈 길을 얻지 못한지라 지붕에 올라가 기와를 벗기고 병자를 침상째 무리 가운데로 예수 앞에 달아 내리니 ^{20}예수께서 그들의 믿음을 보시고 이르시되 이 사람아 네 죄 사함을 받았느니라 하시니 ^{21}서기관과 바리새인들이 생각하여 이르되 이 신성모독 하는 자가 누구냐 오직 하나님 외에 누가 능히 죄를 사하겠느냐 ^{22}예수께서 그 생각을 아시고 대답하여 이르시되 너희 마음에 무슨 생각을 하느냐 ^{23}네 죄 사함을 받았느니라 하는 말과 일어나 걸어가라 하는 말이 어느 것이 쉽겠느냐 ^{24}그러나 인자가 땅에서 죄를 사하는 권세가 있는 줄을 너희로 알게 하리라 하시고 중풍병자에게 말씀하시되 내가 네게 이르노니 일어나 네 침상을 가지고 집으로 가라 하시매 ^{25}그 사람이 그들 앞에서 곧 일어나 그 누웠던 것을 가지고 하나님께 영광을 돌리며 자기 집으로 돌아가니 ^{26}모든 사람이 놀라 하나님께 영광을 돌리며 심히 두려워하여 이르되 오늘 우리가 놀라운 일을 보았다 하니라
_눅 5:17-26

수단에 불과한 치유와 먹이는 일

사람들을 고치시고 먹을 것을 주시는 일에만 집중하셨다면 예수

님은 사역의 길을 쉽게 가실 수도 있었을 것입니다. 고쳐야 할 수 많은 질병이 있었고 굶주려 있는 사람들이 도처에 있었습니다. 그러나 예수님은 사람들을 치유하고 먹이는 일이 그의 지상 사역의 목적이 아니라 수단에 불과하다는 것을 명확히 밝히셨습니다. 그는 자신이 하는 사역의 본질을 강조하시기 위해 한 중풍병자를 선택하셨습니다. 예수님은 육체적 필요를 분명히 지닌 사람에게 그의 죄를 용서해주셨습니다.

그들은 능력이 나오는 곳을 보았고, 그것과 연결되기 위해 필요한 일은 무엇이든 했습니다. 때로 너무나 많은 사람들이 예수님을 에워쌌습니다. 모인 사람들로 인해 가까이 다가가는 것은 거의 불가능했습니다. 그러나 그 중에 재치 있는 사람들이 있었습니다. 많은 무리를 뚫고 침상에 누운 중풍병자를 예수님께 데려가지 못할 것을 너무도 잘 알고 있었던 그들은 의원의 대가(大家)이신 예수님께 다가갈 길을 스스로 만들어냈습니다. 그들은 지붕의 기와를 벗기고 병자의 침상을 밧줄에 달아 내렸습니다. 이제 그 병자는 능력이 드러날 수 있는 대상이 되었습니다.

누가는 이 본문을 "주의 능력이 예수와 함께 하더라"라는 말로 시작하고 있는데, 누가가 말하는 "주의 능력"(하나님의 능력)이 본문 가운데서는 중풍병자를 고치는 가운데서 나타나고 있을 뿐만 아니라 죄를 사하는 가운데서도 드러나고 있습니다. 그래서 누가는 예수님이 '땅에서 죄를 사하는 권세(authority)'를 갖고 있다고 강조하였습니다. 그러나 병 고침과 죄 사함의 이야기가 하나의 본문으로 결합됨으로써 병과 죄를 연관시키는, 즉 병이 죄의 원인이라는 생각을 불러일으키는 결과를 낳게 되기도 합니다. 병과 죄와의 연관성에 대한 일반적 인식이 어느 정도 성경에 근거를 갖고 있기는 하지만(요 5:14; 약 5:15 등) 성경은 그런 생각만을 받아들이고 있는 것이 아닙니다(눅 13:2; 요 9:2).

누가복음 5장 17-26절은 누가가 5장 1절부터 6장 16절까지에서 채택하고 있는 일곱 개의 단락으로 이루어진 구조 속에서 첫 번째 단락(5:1-11)이자 밀접하게 서로 연관된 두 개의 치유 이야기들(5:12-16)의 두 번째 이야기로서 6장 1-5절과 6-11절에 각각 나오는 두 개의 서로 연관된 안식일 사건들과 대칭을 이루고 있습니다. 누가는 특히 5장 17-26절과 6장 6-11절의 연결고리들을 설정합니다. 이 기사의 초기 형태에서는 죄를 사하는 예수님의 개인적인 권세에 대한 직접적인 단언이 아니라 현 체제에 도전하는 도발적인 행위에 관한 내용이 나왔을 것입니다. 정통파 바리새인들의 옛 방식은 죄인들을 그들의 죄에 묶인 상태로 내버려두고, 중풍병자들을 그들의 침상에 묶인 상태로 내버려두는 것으로 만족했지만, 하나님의 새로운 행위는 이 두 가지 속박으로부터의 해방의 가능성으로 가득 차 있었습니다. 교회의 일반적인 기독론적 또는 교회론적 관심(세례에 의한 죄 사함)은 이 기사의 초기 형태에서 전혀 통제력을 발휘하지 않았습니다.

예수님은 그 병자를 위해 능력을 행하셨습니다. 예수님은 우선 병자가 질병과 죄와 사망에서 치유되었음을 선포하셨습니다. 종교 지도자들은 이런 예수님께 반대해 실력 행사를 했습니다. 죄를 용서한다고 주장하는 사람은 누구나 자신을 하나님과 동등한 수준에 두는 것이기 때문입니다. 이제껏 아무도 감히 그런 주장을 하지 않았습니다. 종교 지도자들이 보기에 예수님은 당연히 체포되어야 했습니다. 예수님이 사람들에게 영향을 주어서는 안 된다고 판단했습니다.

예수님의 능력의 용도

누가는 예수님께서 행하신 중풍병자에 대한 치유 사역(정결 사역)을 중풍병자와 사람들이 하나님께 영광을 돌린 사건으로 종결지음으로써(눅 5:25-26), 예수님이 하나님을 모독한 사람이 아니라 하나님께 영광을 돌리게 하는 사람, 즉 죄를 용서할 수 있는 유일하신 분(주님)이심을 제시합니다(24절).

죄 사함의 중요성은 1장 77절과 3장 3절에서 강조하고 있습니다. 죄 사함은 이미 요한의 세례를 통해서 선취적으로 수여되었지만, 죄 사함이 지닌 미래지향성은 예수와의 만남이 이루어지는 여기 현재적 순간에 경험되는 온전한 구원 체험으로 바뀝니다.

특히 누가의 문맥 속에서 죄 사함과 관련된 말들은 예수님의 도발적인 행위로서, 죄인들을 부르시는 예수님의 사역이 유대 종교 지도자들에게는 도전이 되었다는 것을 분명하게 보여주는 역할을 합니다(눅 5:31-32). 여기 나오는 동사는 신성(神性) 수동태이지만(죄 사함은 하나님에 의한 것이라는 뜻), 그렇다고 해서 예수님의 말씀이 불러일으키는 도전이 줄어드는 것은 아닙니다.

앞의 5장 15절에서처럼, 거기에서 그는 가르치기도 하셨고 고치기도 하셨습니다. "병을 고치는 주의 능력이 예수와 함께 하더라"(눅 5:17). 그것은 그들을 고치는 능력이었습니다. 그들을 고치는 것은 예수님께서 가르친 자들을 고치는 것이라고 우리는 이해할 수 있습니다. 예수님의 능력은 그들의 영혼을 고치는 것, 그들의 영적인 질병을 고치는 것, 그리고 그들에게 새 생명과 새 본성을 주는 것에 사용되었습니다.

그리스도의 말씀을 믿음으로 받는 자들은 그들을 고치는 하나님의 능력이 그 말씀을 따라다닌다는 것을 발견하게 될 것입니다. 왜냐하면 그리스도께서는 상한 심령을 고치고 위로하기 위하여 오셨기 때문입니다(눅 4:18). 주의 능력은 말씀과 함께 하고, 말씀을 위하여 기도하고 말씀에 순종하는 자들에게 함께하며, 그들을 고치기 위하여 함께 합니다.

이 본문은 몸이 병들어서 예수님에게 고침을 받으러 온 자들을 그분이 고치신 것을 의미한다고 해석되기도 합니다(이것이 일반적인 해석입니다). 병을 고칠 때마다 따로 능력을 구할 필요가 없었습니다. 예수에게는 병을 고치는 능력이 함께 하였기 때문입니다.

누가는 이 본문을 마가복음을 토대로 소개하고 있습니다. 마가의 경우와 마찬가지로, 본문은 분명히 복음서 기자가 이 본문을 기록할 당시의 교회 상황과 상당한 관련이 있는 것으로 보입니다. 당시 유대교인들은 오직 하나님만이 죄를 사하실 수 있다고 믿었는데(행 5:21), 초대 기독교인들은 죄를 용서할 수 있는 권세가 예수에게도 있다고 믿었고 또한 그렇게 선포했습니다. 초대교회의 이런 신앙과 선포는 유대교인들로부터 많은 반대와 비판을 받았습니다. 그래서 "이 참람한 말을 하는 자가 누구냐?"라는 비난을 받으신 것이죠. 이 이야기는 그런 상황에서 수집되어 기록된 것입니다. 따라서 이것은 예수님의 이야기라기보다 오히려 누가의 이야기일 수 있습니다. 누가는 이 본문을 통해서 예수님이 죄를 사할 수 있는 권세를 가졌음을 선포하였고, 또한 그렇기 때문에 교회도 예수님의 이름으로 죄를 사할 수 있음을 선포한 것입니다.

누가복음에서 유대 종교 지도자들이 처음으로 소개되는 이 이적 기사는 예수님에 대한 종교 지도자들의 반대가 온 이스라엘에 걸쳐 나타났음을 암시합니다. 그들이 이스라엘의 모든 지역, 즉 갈릴리 각 촌과 유대와 예루살렘 출신이라는 사실 때문이지요. 사실 예수님의 가르치심과 이적 사역은 온 사방에 커다란 반향을 일으켰습니다. 특히 나사렛에서의 안식일 강론(눅 4:28-29)과 문둥병자를 고치신 소문, 또 그로 인해 허다한 무리가 예수님을 따르는 상황(눅 5:15)은 종교 지도자들의 적대적 관심을 끌기에 충분했을 것이라고 봅니다. 누가가 지적한 대로 '말과 일에 능한 나사렛 예수님의 사역', 즉 메시아(선지자)로서의 사역이(눅 24:19) 그의 가르치심과 이적에 잘 드러나고 있습니다. 특히 "병을 고치는 주의 능력이 예수와 함께 하더라"라는 17절의 언급은 누가의 관심, 즉 성령의 권능을 가지신 능력 있는 주님으로서의 모습을 잘 소개하고 있습니다.

병자가 받은 이중적 은혜

예수님께서 행하신 사역 때문에 나라의 온 지역으로부터 병자들과 귀신 들린 자들뿐만 아니라 바리새인들과 율법 교사들의 관심을 이끌어 왔다는 사실은 놀랄 일이 아닙니다. 그들이 그 자리에 참석한 동기는 기록되지 않았습니다. 그러나 그들은 분명히 종교 지도자들로서 율법의 교사요 설교자이며 또한 병을 고치는 자이며 귀신 추방자이신 예수에 관하여 유포되고 있는 이야기의 진상을 스스로 점검하고 싶었을 것입니다. 그들은 누가가 단지 통상적인 말로 '예수님께서 가르치고 병을 고치고 계시던 어느 날'이라는 그때에 참석했습니다. 일어나고 있는 현상은 매우 극적이고 비상했습니다. 한 무리의 사람들이 아마도 출입구를 통해 들어가 중풍병자를 예수 앞에 놓으려 했으나 그 노력은 실패했습니다. 그리하여 그들은 지붕을 통하여 그를 내려놓았습니다.

누가는 지붕의 건축재로 '기와'(19절)를 말하는데, 그 언어 습관이 팔레스타인의 건축물에 대한 묘사라기보다 자신의 출신지인 그리스-로마의 배경을 반영합니다. 지붕을 뜯어내는 장면에 대한 마가의 묘사와 달리, 누가는 '디아 톤 케라몬', 즉 '기와들을 통과하여'라고 씁니다. 이를 개역성경에서는 '기와를 벗기고'라는 표현으로 간단하게 처리하는데, 이 과정에서 의식적으로든 무의식적으로든 팔레스타인에서 일반적이었던 가난한 집의 흙 지붕이 헬레니즘 세계의 벽돌 지붕으로 대체돼 묘사되고 있습니다. 좌우간 이 중풍병자에 대한 예수님의 사역을 통해 이 사람은 병고침도 받고 죄의 용서도 받습니다. 그런데 이 기록을 복잡하게 하고 이 사건의 의미를 깊이 생각하게 하는 것은 그가 이중으로 받은 은혜 때문입니다.

이런 상황에서 바리새인들과 교법사들이 예수님을 관찰하고 감시하기 위해 와 있었는데, 누가는 즉각 이 내러티브(이야기)의 핵심으로 독자의 관심을 이동시킵니다. 병을 고치는 주의 능력이 예수와 함께하였다는 것입니다.(눅 4:14, 6:19, 8:44-46 참조). 하나님의 영을 통한 하나님의 능력이 예수님 안에 있었고, 그분이 만지는 사람에게 그 능력이 흘러나갈 수 있었습니다.

　예수님은 자신들의 필요를 가지고 그에게 나아오는 이들을 거절하지 않으셨을 것입니다. 사람들을 고치는 능력은 메시아의 중요한 표지 중 하나로 여겨졌습니다(눅 4:18-20). 따라서 예수님은 사람들의 병을 고쳐주셨고 종교 지도자들은 그 장면을 직접 목격하였습니다. 예수님이 사람들을 가르치실 때도 우리는 그들이 모두 한 건물 안에 있었다는 것을 알 수 있습니다(눅 5:19). 그 건물은 최대 수용인원을 초과한 상태여서 바깥에 서 있는 사람들도 있었습니다(막 2:2). 그때 사람들이 서 있는 대열의 끝에서 웅성거리는 소리가 들려왔습니다. 한 무리가 예수님의 병 고치는 능력에 대한 소문을 듣고 한 중풍병자를 침상에 메고 찾아왔던 것입니다('침상'은 일종의 들것과 유사했을 것입니다). 마가가 중풍병자를 데려온 이들(네 명 이상) 중에서 네 사람이 들것을 운반했다고 기록한 것으로 볼 때, 이 무리가 아마도 네 명 이상이긴 해도 그렇게 많은 수는 아니었을 것입니다. 그들은 환자를 예수 앞에 들여 놓고자 하였습니다. 그들은 예수님이 자신들의 친구가 겪는 어려움에 응답하실 것을 알았고 예수님이 그를 만져주실 수 있도록 그에게 다가가기를 원한 것입니다. 이때 나타난 능력(뒤나미스)에 대한 언급은 4장 14절과 이 단락을 연결시키는 역할을 하고, 예수로부터 나오는 가시적인 권능에 대해 앞으로 나올 언급들(눅 6:19, 8:44)에 대해 복선 역할을 합니다.

예수로부터 흘러나와서 사람들을 치유하는 권능은 하나님 자신의 권능입니다. 이러한 권능이 예수에게 '간헐적'으로 존재했다고 보는 것이 누가의 요지일리는 없습니다. 그보다는, 누가가 성령 강림을 통하여 예수님께서 하나님의 권능의 저장고가 되셨다는 것이 무엇을 의미하는지를 계속해서 해명해나가는 중이라고 보는 것이 더 나을 것 같습니다(3:22, 4:1,14,18-19, 6:19, 8:44). 변하는 것이 있다면, 그것은 하나님의 권능이 사용되는 용도일 것입니다. '말씀을 듣는 것'과 '병고침을 받는 것'의 병렬적 배치는 17절에서 바리새인들과 교법사들을 소개하는 글을 좌우로 둘러싸고 있는 예수님의 가르침과 병고침에 관한 언급들과 서로 연결됩니다.

이 이야기 속에 나오는 사건은 15절에서 말하고 있는, 즉 예수님께서 가르치시고 병을 고치시던 여러 날들 중의 한 날에 일어난 일로 5장 12-16절과 밀접하게 연결되고 있습니다. 예수에 대한 소문이 널리 퍼져 나가자 바리새인들과 서기관들은 뭔가 조사해볼 필요성을 느끼게 되었고, 무리들과 개개인들에 대한 예수님의 계속된 사역이 그들이 한 조사의 맥락에서 이루어집니다. 여기에서 시작된 예수에 대한 바리새인들의 평가가 신속하게 바리새파에 대한 예수님의 평가(눅 5:31, 33-34, 36-39, 6:9)로 반박되듯 이어지고, 이 과정에서 예수님의 길이 바리새파 운동 전체와 대비되는 새롭고 더 나은 길임이 드러납니다.

누가가 말하고 싶었던 세 가지

사실상 누가가 여기서 말하고 있는 것에 관하여 세 가지 진술이 가능합니다.

첫째, 예수님께서는 병도 고치시고 죄도 사하시는 하나님의 권세를 갖고 계십니다. 교회는 그렇게 주장하고 있습니다.

둘째, 예수님께서는 자기를 따르는 자들에게 치료의 사역을 위임하셨고(눅 9:1-2, 행 3:1-16) 그리스도의 이름으로 죄 사함도 주십니다(24:47, 행 2:38).

셋째, 누가는 치유와 죄의 용서 사이에 관련이 있는 것으로 알고 있었습니다. 이 사실은 본문의 이야기에서뿐만 아니라 다른 데서도 분명합니다. 예를 들면, 예수님께서 용서받은 여자에게 하신 말씀("네 믿음이 너를 구원하였으니," 눅 7:50)과 병 고침을 받은 여자에게 하신 말씀("네 믿음이 너를 구원하였으니" 눅 8:48)에서 사용된 두 동사(구원하다)가 동일합니다. 성전에 있었던 앉은뱅이에 관한 사도행전의 기록 중에서 "그 사람은 병 고침도 받고 구원도 받았다"(행 4:9,12)라고 쓸 때 한글에선 고침과 구원으로 다르지만 원어에선 같은 단어를 써서 설명했습니다.

예수님의 능력은 죄를 사하는 것까지도 가능했습니다. 물론 사람들의 생각을 읽으실 수도 있었습니다. 다른 한편으로 본문은 예수님이 병 고침의 이적을 베푸시는 동기에 대해 흥미 있는 점을 보여주고 있습니다. 흔히 예수님은 병자의 '믿음'을 보시고 병을 고쳐주시는 것으로 생각되고 있습니다. 물론 복음 전승 가운데서는 이런 이해를 뒷받침해주는 본문들이 있습니다(예: "딸아 네 믿음이 너를 구원하였으니 … 네 병에서 놓여 건강할지어다" 막 5:34). 그러나 이 본문에서는 병자 자신의 믿음에 대해서는 아무런 언급이 없습니다. 오히려 "예수께서 그들의(their) 믿음을 보시고"(5:20)라고 말함으로써 병자 자신의 믿음이 아닌 친구 혹은 동료들의 믿음이 구원 또는 고침을 위해 중요한 동기가 되었음을 밝히고 있습니다. 이렇게 병자 외에 제3자의 믿음이 병 고침의 동기가 된 다른 예들을 복음 전승 가운데서 쉽게 찾아볼 수 있습니다. 그 예로 백부장 야이로의 딸을 고친 이야기와 수로보니게 여인의 딸을 고친 이야기에선 각각 아버지와 어머니의 믿음이 강조되고 있습니다.

그러나 '믿음'만이(본인이건 친지의 믿음이건 간에) 중요한 것이 아닙니다. 더욱 중요한 것은 예수님의 구원하시겠다는 의지입니다. 그래서 '불쌍히 여기심'이 중요한 동기로 강조되기도 하며(막 1:41, 6:34) 그래서 때로는 '믿음이 없음'에도 불구하고 예수님께서 병을 고쳐주시기도 합니다(막 6:5-6, 9:19). 따라서 중요한 문제는 병 고침의 동기가 사람에게 있는가 아니면 예수에게 있는가 하는 것입니다. 다만 이 본문에서는 병자의 친구들, 곧 제3자의 믿음이 강조되고 있습니다.

육체 건강보다 중요한 것

예수님은 저희 믿음이 결심에서 끝나지 않고 실천으로 이어진 것을 보셨습니다. 그가 '그들의'(저희) 믿음, 즉 중풍병자를 데려온 모든 이들의 믿음을 보셨지만 "이 사람아 네 죄 사함을 받았느니라"라고 직접 말씀하신 대상은 그 중풍병자였습니다. 예수님은 먼저 그 사람의 영적인 상태를 겨냥하여 말씀하셨습니다.

모든 병과 죽음은 세상의 악과 죄의 결과입니다. 그렇다고 해서 이 말이 한 개인의 영적인 상태를 그 사람의 육체적 건강으로 평가할 수 있다는 의미는 아닙니다. 그것은 모든 인간이 죄인이며, 건강한 사람이든 병든 사람이든 중풍에 걸린 사람이든 간에 죄에 대한 용서가 필요하다는 의미입니다. 하나님과 함께하는 건강한 영적인 삶은 언제나 완벽할 정도로 건강한 육체보다 훨씬 더 중요합니다. 그 중풍병자는 영적인 치유가 필요한 사람이었습니다. 그래서 예수님은 그의 죄를 용서해주셨습니다. 그 사람의 몸과 영혼이 모두 마비되어 있었던 것입니다. 그는 걸을 수도 없었고 예수님의 제자도 아니었습니다.

예수님의 일차적 관심사는 그 사람의 영적인 상태였습니다. 예수님이 그 사람의 죄만 용서하고 도로 그를 지붕 위로 끌어올리라고 하셨다고 해도 충분했을 것입니다. 그런데 예수님이 그의 병든 육신만 고치시고 그의 죄 문제와 죄인인 상태를 다루시지 않았다면 궁극적으로 그는 더 나빠졌을 것입니다.

설혹 하나님이 당신이 사랑하는 이를 고쳐주시지 않더라도 육체적 치유가 그리스도의 유일한 관심사가 아님을 기억하십시오. 모든 성도들은 그리스도의 왕국에서 완전하게 나음을 입을 것입니다.

예수님은 이 일을 통해 하나님만이 가지신 능력이 자신의 것이기도 하다는 주장을 스스로 하신 셈입니다. 예수님은 이 사실을 자신의 죄 용서 선포와 치유를 통해 입증하셨습니다. 그분은 병자에게 걸으라고 하셨습니다. 이에 즉시로 병자가 걸으며 자기 침상을 가지고 갔습니다. 이번 대결에서도 예수님의 치유능력이 승리했습니다. 성령이 예수에게 임한 날(행 10:38)로부터 하나님의 능력은 그와 함께 있었고(눅 3:22, 4:1,14, 18-19, 참조) 예수로부터 흘러나와서 사람들을 치유하는 가시적인 능력으로 항상 나타납니다(눅 6:19: 8:44).

14

풍랑을 잠잠케 한 예수님의
기적 권능 _눅 8:22-25

이 이야기는 예수님께서 연이어 기이한 일을 행하신 네 번의 실례들 가운데 첫 번째입니다. 첫째 폭풍을 잔잔케 하시고, 둘째 귀신 들린 자를 고치시고, 셋째 병든 여자를 치료하시고, 그리고 넷째 죽은 소녀를 일으키셨습니다. 순서는 마가복음에 언급된 그대로입니다. 그러나 그 직전의 사건과 연관성은 있다 하더라도 조금밖에 없는 것으로 보입니다.

누가는 단순히 '하루는'(글자 그대로는 '여러 날 중 하루')이라고 말합니다. 열두 제자들에게 하셨던 전도위탁(傳道委託)이 이 사건들이 일어난 직후에 있습니다. 그러므로 이 복음서에 공개되도록 선택된 네 가지 사건들은 제자들을 준비시키시는 기간 중에 있었던 예수님의 사역의 실례들로 보는 것이 마땅할 것입니다.

이 네 사건들은 넓은 지리적 범위 안에서 서로 연관되어 있습니다. 폭풍을 잠잠케 하신 기적은 갈릴리 바다를 건너던 배 안에서, 귀신 추방은 그 바다의 동편에서, 그러고 나서 바다 서편으로 돌아온 뒤 병든 여자를 고치심과 죽은 소녀를 일으키는 일을 하셨습니다.

그리스도께서는 폭풍이 부는 가운데서도 배 안에서 주무시고 계셨습니다(23절). 누가는 배가 떠 있던 곳을 '호수'라고 말합니다. 제자들은 팔레스타인 사람들이 아니므로 당시에 '바다'로 쓰면 지중해를 의미했습니다. 예수님은 잠시 눈을 붙여서 육체적으로 다시 기운을 차릴 필요가 있었기 때문에, 그의 사역에 거의 방해가 되지 않는 시간을 택하여 주무셨던 것입니다. 그 시간에 광풍이 불고 파도가 치는 건 아무 상관이 없으셨습니다.

실제로 그리스도께서 바다에서 폭풍이 부는 가운데서도 은혜로운 임재로써 제자들과 함께하고 계셨지만, 제자들이 보기에 그리스도는 마치 주무시고 계시는 것처럼 보였습니다. 심지어 사태가 최악의 상황으로 변해가고 있는 때에도 그들을 구하기 위하여 즉시 나서지 않으실 것처럼 보였습니다. 이렇게 하심으로써 그리스도께서는 제자들의 믿음과 인내심을 시험하시고, 그들로 하여금 기도로써 그를 깨워야 한다는 것을 일깨우시고, 마침내 구원이 찾아왔을 때 그 구원을 더욱 기뻐할 수 있게 하셨습니다.

²²하루는 제자들과 함께 배에 오르사 그들에게 이르시되 호수 저편으로 건너가자 하시매 이에 떠나 ²³행선할 때에 예수께서 잠이 드셨더니 마침 광풍이 호수로 내리치매 배에 물이 가득하게 되어 위태한지라 ²⁴제자들이 나아와 깨워 이르되 주여 주여 우리가 죽겠나이다 한대 예수께서 잠을 깨사 바람과 물결을 꾸짖으시니 이에 그쳐 잔잔하여지더라 ²⁵제자들에게 이르시되 너희 믿음이 어디 있느냐 하시니 그들이 두려워하고 놀랍게 여겨 서로 말하되 그가 누구이기에 바람과 물을 명하매 순종하는가 하더라 _눅 8:22-25

<h2 align="center">풍랑을 잠잠케 한 예수님의 권능을 체험하다</h2>

누가는 '하루는 제자들과 함께 배에 오르사 저희에게 이르시되 호수 저편으로 건너가자 하시매'라고 예수님의 행적을 기록하였습니다. 여기에서 언급된 '호수'란 갈릴리 호수를 가리킵니다. 그런데 누가가 '호수'의 원어로 림네(λίμνη)라는 명칭을 사용한 반면, 마태, 마가, 요한은 '큰 호수'도 의미하고 '바다'도 의미하는 헬라어 '달랏사'(θάλασσα)를 사용하였습니다. 그래서 개역성경에서는 '바다'라고 번역되었습니다(마 4:18; 막 7:31; 요 21:1).

갈릴리 호수에 대해 좀 더 부연하자면, 이곳은 육지 가운데 있는 큰 호수로서 짠 소금기가 거의 없는 담수입니다. 명칭도 초기에는 긴네렛('하프'라는 뜻)이라고 했다가(민 34:11) 예수님 당시엔

게네사렛(마 14:43; 마 6:53) 또는 디베랴(요 6:1, 21:1) 등으로 불렸습니다. 그 일이 일어난 시기에 대해서도 누가는 예수님께서 갈릴리 호수를 건너가신 사건을 '하루는'이라는 말로 대충 넘어갔지만, 마가는 예수님께서 씨 뿌리는 자의 비유를 포함해서 여러 비유들을 들어 말씀하시던 당일 저녁에 일어났다고 정확히 밝혔습니다(막 4:35).

사실 갈릴리 호수는 남북의 길이가 약 20.8킬로미터이고, 동서의 길이는 약 12.8킬로미터나 될 만큼 큽니다. 호수의 위치는 바다 수면을 기준으로 할 때 약 213미터 아래에 있으며, 수심의 가장 깊은 곳은 43미터나 되는 엄청난 호수로서 족히 바다라고 오해받을 만한 호수입니다. 비록 이런 사실 때문에 개역성경에는 갈릴리 호수에 대한 복음서 저자들의 명칭이 다르게 번역되었다 할지라도 이러한 차이점은 성경 원본의 무오성(無誤性)에 대해 전혀 영향을 끼치지 못합니다.

누가는 이 이야기를 기록하면서 현저하게 어휘를 절약하고 있기는 하지만 전체적으로는 아주 생생하게 기록하고 있습니다. 예수님께서 그 호수를 건너기로 결정하신 것은 휴식과 안정이 필요했기 때문입니다. 그들이 배를 젓고 있는 동안 예수님께서는 잠드셨습니다. 잠자는 예수님을 생각해보는 것은 아름다운 일입니다. 우리와 마찬가지로 예수님께서도 피곤하셨습니다. 졸음이 엄습해오니 극도의 피로감으로 잠들 수밖에 없었습니다. 예수님은 자신의 제자들을 신뢰하고 있었습니다. 그분은 이 호수의 어부들이었던 제자들에게 모든 일을 맡기고 긴장을 푸셨습니다. 그분은 하나님을 신뢰하고 있었으며, 바다에 있을 때나 땅에 있을 때나 항상 하나님과 가까이 있다는 것을 알고 계셨습니다.

이전의 사건들은 아마 가버나움을 배경으로 하였을 것입니다. 무리가 계속 예수님께로 모여들었지만(8:19-20) 그는 다른 곳에서도 사역하셔야 했습니다. 그래서 제자들에게 "호수 저편으로 건너가자"라고 말씀하셨습니다.

가버나움은 갈릴리 해의 북서쪽 해안에 있었습니다. 그것이 내륙에 있기 때문에 '호수'라고도 불린 것입니다. 그래서 예수님과 제자들은 배(아마 베드로의 어선)를 타고 동쪽 해안으로 건너가기 시작했습니다. 예수님의 사역은 결코 목적 없이 이루어지지 않았습니다. 그는 사역의 새로운 영역을 개척하기 위해 호수를 건너가셨습니다. 배를 타고 바다를 건너는 도중에 제자들은 그의 권세에 대한 잊을 수 없는 교훈을 얻게 됩니다.

누가의 관심은 예수님이 말하고 행하신 모든 것이 아니라, 그가 누구신지와 요구하시는 것이 무엇인지에 있었습니다. 끊임없이 사람들에게 사역하시느라 피곤하셨던 예수님은 종종 그들을 잠시 떠나야 할 필요를 느끼셨습니다. 그 목적을 위해 외딴 배 안보다 더 좋은 곳은 없었을 것입니다. 아마 그곳은 가버나움 근처 갈릴리 바다 위였을 것입니다. 하지만 평온하던 항해가 순식간에 재난으로 바뀌었습니다. 적어도 제자들에게는 그랬습니다. 갑자기 광풍이 몰아친 것입니다. 호수에 내리치는 광풍에 제자들은 당황했습니다. 그러나 예수님은 그렇지 않으셨습니다. 그분은 주무셨습니다.

폭풍은 이전 개역한글성경에는 '광풍'으로 번역되었는데, 광풍에 해당하는 헬라어 '라일랍스'(λαῖλαψ)는 '돌풍'(突風) 또는 '회오리바람'을 뜻합니다. 갈릴리 호수는 갑작스러운 돌풍으로 유명한 곳입니다. 그러한 현상이 자주 일어나는 이유는 갈릴리 호수를 둘러싸고 있는 지역의 지리적 특성 때문입니다. 갈릴리 호수는 지중해 수면보다 213미터가량 낮고 주변에는 높은 협곡들이 둘러싸고 있습니다. 높은 곳에 있던 차가운 바람이 깔때기 역할을 하는 협곡(ravine)을 따라 빠른 속도로 내려와 호수 면에 있던 더운 공기와 충돌하여 폭풍을 일으키게 됩니다. 이 광풍은 배에 몰아쳐 배의 조종을 불가능하게 할 뿐만 아니라, 마태의 표현처럼 '큰 놀'을 일으켜 배를 전복시키거나 가라앉힐 수 있을 만큼 격렬한 것이었습니다.

제자들이 광풍을 만나는 장면은 가족의 의미가 재조명되는 장면과 예수님이 거라사 인을 치료하는 이야기 사이에 놓여 있습니다. 두 장면 모두 제자들이나 당시 예수님의 청중들이 극복해야 할 중요한 문제들임에 틀림이 없었을 것입니다. 하나님의 말씀을 듣고 행하는 것은 때로 가족과의 뼈아픈 이별과 그로 인한 사회적인 질타를 감수하게 했습니다. 뿐만 아니라 제자들의 눈앞에는 유대인으로서 이방인에게 복음을 전파해야 한다는 내키지 않는 사역이 기다리고 있었습니다. 따라서 이 광풍 내러티브가 드러내는 하나의 위기 상황처럼 제자들과 예수님의 청중들은 마치 광풍처럼 일어나는 내적 갈등을 겪고 있었을 것입니다. 이 내러티브에서 광풍의 이미지는 위기 상황이나 등장인물들의 심리상태를 대변해주는 역할을 하기도 합니다.

광풍 내러티브는 바람과 물을 순종케 하시는 예수님의 능력을 보여주면서 끝을 맺습니다. 이 풍랑 앞에서 제자들은 죽음 이전이든 이후든 모든 인류를 향한 하나님의 구원 능력과 목적에 대한 믿음을 잃어버리지 않아야 한다는 것을 배웁니다(23:46, 참조. 행 7:59). 이 사건은 예수에 대한 더욱 강한 긍정으로 이끌어 줍니다.

에피스타타, 주님을 연거푸 부르다

제자들 가운데는 배를 다루는 일에 전문인 사람들도 있었으므로 (5:1-11), 그들은 이런 상황에서 어떻게 대처해야 하는지를 알고 있었습니다. 따라서 자신들의 힘이 미치는 대로 위기 극복을 위해 최선의 노력을 기울였을 것입니다. 그러나 그 모든 노력에도 불구하고 사태는 더욱 악화되어갔고, 마침내 죽음의 위협을 느

끼게 된 제자들은 예수님을 깨워 도움을 요청합니다. "주여 주여, … 죽겠나이다"(24)

'주여 주여'(επιστάτα επιστάτα, 에피스타타 에피스타타)라는 외침을 반복한 것은 그들이 처한 다급한 상황을 능히 짐작하게 합니다. 마가는 제자들이 자기들의 곤경에도 불구하고 주무시고 계시는 예수님께 대해 원망하는 투의 말을 기록하고(막 4:38) 마태는 탄원의 말을 기록하였지만(마 8:25), 누가는 이 모든 것을 생략하고 단지 제자들의 급박한 보고만을 언급합니다. 이는 예수님께서 깨어나기만 하면 제자들을 구해주시리라는 믿음을 반영한 것이라고 하겠습니다.

한편 신약성경에서 주님을 연거푸 부르는 것은 본 절 외에 세 번 더 나옵니다. 그 중 한 번은 마태복음 25장 11절에 나오는 미련한 다섯 처녀가 잔치 자리에 들어가지 못하는 절망적 상황에서 신랑에게 부르짖는 장면이고, 나머지 두 번은 마태복음 6장 46절과 7장 21-22절에 나오는 내용으로, 말로는 신앙이 있는 체 하면서도 신앙의 행위는 없는 자들이 예수님을 부르는 장면에서 사용되었습니다. 이상의 세 경우는 모두 주님에 대해 참 신앙을 갖지 못했던 자들의 입에서 나온 외침이었으나, 본 절의 경우는 다릅니다. 본 절에서의 외침은 예수님을 따르는 제자들의 입에서 나온 것이요 죽음 앞에 선 제자들의 실존적 부르짖음입니다. 또한 위의 세 경우에는 '주인'을 의미하는 '퀴리오스'(κύριος)

가 사용된 반면 본 절의 경우에는 '주님'을 뜻하는 '에피스타테스'(ἐπιστάτης)의 호격 '에피스타타'(주여)가 사용되었습니다. '에피스타테스'는 신약성경에서 모두 7회 사용되었으며, 모두 누가복음에 나타나는 누가만의 용어입니다(눅 8:45, 5:5, 9:33,49, 17:13).

절망적인 상황에 처한 제자들은 예수님을 다급하게 깨우며 자신들이 지금 빠져 죽게 되었다고 호소했습니다. 그러자 예수님은 두려움에 찬 제자들을 향해서가 아니라 성난 바람과 물결을 향해 말씀하셨습니다. 그것들은 예수님의 말씀을 듣고 순종했습니다. 바람과 물결이 잔잔하고 고요해졌습니다. 하늘은 맑아졌고 비도 오지 않았습니다. 위험도 사라졌습니다. 바다를 명해 요나를 삼키게 하실 수 있었던 하나님은 아들과 제자들을 구하시기 위해 바다를 잔잔케 하실 수도 있었습니다. 자기 백성에게 자유와 땅을 주시기 위해 애굽의 바다와 요단강을 나누실 수 있었던 하나님은 구원의 궁극적인 근원을 드러내시기 위해 폭풍을 꾸짖으실 수도 있었습니다.

우리의 위험과 교회가 처한 곤경을 그리스도께 탄원할 때는 그리스도를 깨워서 우리를 위해 나서게 하시는 것으로 충분합니다 (24절). 제자들은 "주여 주여 우리가 죽겠나이다"라고 소리쳤습니다. 우리의 두려움을 침묵시키는 길은 그 두려움을 그리스도께로 가져가서 그 앞에 내려놓는 것입니다. 그리스도를 진심으로 주라고 부르고, 믿음과 열렬한 마음으로 그분을 그들의 주라고 부르는 자들은 그리스도께서 그들을 죽게 내버려두지 않으실 것임을 확신할 수 있습니다. 죄책감과 하나님의 진노에 대한 두려움에 떠는 불쌍한 영혼들에게는 이와 같이 그리스도에게 나아가서 그를 주라고 부르며 "주께서 나를 돕지 않으시면 내가 죽겠나이다" 라고 말하는 것 외에 다른 구제책이 없습니다.

예수님께서 일어나시기만 하면

광풍을 잔잔케 하는 것은 그리스도의 일입니다. 그리스도는 그런 일을 하실 수 있는 권능이 있고, 하셨으며, 그런 일을 하시기를 기뻐하십니다. 왜냐하면 그는 세상에 평화를 선포하러 오셨기 때문입니다. 그가 바람과 물결을 꾸짖으시니 즉시 그쳤습니다(24절). 다른 경우들에서처럼 점차적이 아니라 일시에, 돌연히 고요해졌습니다(개역성경에서는 '잔잔하여지더라'). 이렇게 그리스도께서는 마귀가 공중의 권세 잡은 자를 자처함에도 불구하고 그를 사슬에 묶어두고 계신다는 것을 보여주셨습니다.

누가의 경우는 예수님의 능력을 사용한 구원의 행동을 보다 더 강조하고 있습니다. 그리고 그 예수님의 구원 행동으로 인해서 제자들이 모든 위험으로부터 구원을 받게 됨을 가르칩니다. 마태복음에서는 제자들이 예수님을 '따를 때' 위험에 직면하게 됨이 강조되고 있다면, 누가복음에서는 예수님이 '잠잘 때' 즉 그가 아무런 행동도 취하지 않을 때 제자들이 위험에 처하게 됨이 강조되고 있습니다. 누가의 본문에서는 다른 복음서의 경우와 달리 "사나운 바람이 호수를 쳐서 배에 물이 가득 차 위험하게 된"(눅 8:23) 때가 바로 제자들이 배를 젓고 있고 "예수님께서는 잠이 드셨을 때"였다고 기록되어 있습니다. 누가는 제자들이 애를 쓴다 해도 예수님께서 잠드셔서 아무런 행동을 하지 않으실 때가 제자들이 위기를 맞이하게 되는 때임을 말하려고 했던 것으로 보입니다. 그러나 동시에 누가는 예수님께서 일어나 제자들을 위해 행동을 취하시기만 하면, 그들은 어떠한 위험으로부터도 구원받을 수 있음을 강조하고 있는 것으로 생각됩니다.

누가복음에서 예수님의 공생애 활동은 '성령의 능력으로', 혹은 '하나님의 능력으로' 시작되었는데(눅 4:14, 4:36, 5:17), 이제 그의 능력이 그분의 제자들을 위험으로부터 구원하는 데 사용되고 있습니다. 여기에서 "예수님은 누구신가?"에 대한 답이 제시되고 있습니다. 예수님은 제자들을 그들의 위험으로부터 구원해주시는 분입니다.

제자들은 예수님의 놀라운 권능이 매일 새롭게 역사하는 것을 보았으나 앞으로 무슨 일이 일어날지를 아는 사람들은 아니었습니다. 그들은 강한 성격을 가졌으나 그럼에도 역시 사람일 뿐이었습니다. 위기의 때에 그들은 공통된 인간의 감정 상태로 돌아

갔으며, 자신들이 따르는 분의 능력을 무시하고 망각했습니다. 그러나 예수님은 위험이 제자들에게 더 이상 두려움을 초래하지 않을 것이고 제자들이 하나님의 간섭을 기대하게 될 날을 보셨습니다. 그러나 현재 그 시점에서 그날은 아직 오지 않았습니다. 그래서 그들은 지상의 위험과 위기를 지상의 수단으로 대처하려 했습니다. 또한 인간적 두려움이 삶을 다스리도록 허용했습니다. 오직 십자가의 고난과 부활과 승천과 오순절의 성령강림만이 그것을 바꿀 것입니다.

이 광풍 내러티브에서 제자들을 위험에 빠뜨리는 장소는 호수입니다. 예수님께서 가고자 하시는 호수 저편은 이방인의 땅인 거라사였습니다. 또한 거라사 땅에서 예수님이 내쫓은 군대 귀신들은 돼지 떼에게 들어가 호수에 빠져 몰사합니다. 호수는 때때로 묵시 문학에서 하나님의 원수들이 처벌받는 장소를 가리킵니다. 그러니 풍랑을 만난 제자들은 다급하게 예수님을 깨웁니다. 예수님을 깨우는 그들의 행위는 절망의 표현으로 생각할 수 있습니다. 이어서 예수님은 그들의 필요에 대답하고, 마치 귀신을 꾸짖듯이 바람과 파도를 꾸짖습니다. 그리고 "너희의 믿음이 어디 있느냐"라는 질문으로 제자들을 꾸짖습니다. 시험의 때에 믿음의 부족을 드러낸 그들은 '잠깐 믿다가 시험을 받을 때에 배반하는'(눅 8:13) 돌밭 같은 사람의 위험에 처해 있었습니다.

176

자연계를 제압하는 예수님의 신적 권능

'꾸짖으시니', 마치 바람과 물결에 인격이 있는 것처럼 꾸짖었다는 이 표현에 대해 틴데일(Tyndale)은 예수님께서 바람과 물결 배후에 있는 악령(惡靈) 또는 사탄적인 세력을 꾸짖은 것이라고 해석하기도 합니다. 그러나 예수님께서 베드로의 장모가 앓고 있던 열병을 꾸짖었던 것처럼(눅 4:39) 본문에서도 바람과 물결 그 자체를 꾸짖은 것으로 보아야 한다는 헨드릭슨(Hendricksen)의 해석이 더 타당합니다. 이는 자연계를 한마디 말씀으로 제어하시는 예수님의 신적 권능을 입증하는 좋은 예입니다.

'잔잔하여지더라'. 마태(마 8:26)와 마가(막 4:39)는 '아주 잔잔하여지더라'라고 하여 잔잔해진 상태를 부각시킴으로써 예수님의 권능을 강조합니다.

우리는 위험이 지나가고 나면 우리가 두려워했던 것을 부끄럽게 여김과 동시에 그리스도께서 권능을 나타내신 것에 대하여 그에게 영광을 돌려야 마땅합니다. 위급한 상황이었다 하더라도 예수님께서 함께 있는 한 안전하리라는 사실을 믿지 못한 제자들을 질책하신 말씀이기 때문입니다(막 4:40).

그리스도께서 광풍을 잔잔함으로 바꾸어 놓으시자 그들은 평온함으로 말미암아 기뻐하였습니다(시 107:30). 그런 후에 ① 우선 그리스도께서는 제자들이 지나치게 두려워한 것에 대하여 책망하셨습니다. "너희 믿음이 어디 있느냐"(눅 8:25). 참된 믿음을 가지고 있으면서도 그 믿음을 사용할 기회가 왔을 때에 그런 믿음을 구하는 자들이 의외로 많다는 것을 명심하십시오. 그런 자들은 자연의 현상들이 그들에게 불리해지면 낙심하고 두려워 떱니다. 그들은 별것 아닌 일로도 낙담합니다. 도대체 그들의 믿음은 어디로 간 것입니까? ② 광풍이 잔잔해지자 제자들은 그의 권능으로 인하여 그에게 영광을 돌렸습니다. 그들은 두려워하고 놀랍게 여겼습니다. 풍랑을 무서워하였던 제자들은 그 위험이 지나가자 풍랑을 잔잔하게 하신 그리스도를 두려워하여 "그가 누구인가"라고 서로 말하였습니다. 그들은 "주와 같은 신이 어디 있으리이까?"라고 말한 셈이었습니다. 왜냐하면 바다의 설렘과 물결의 흔들림을 진정시키는 것은 하나님의 대권(大權)이기 때문입니다 (시 65:7).

우리는 예수님을 '곁에 서서 인도하고 보호하는 자'로 부르는 것으로 그치는 것이 아니라 고난과 시련의 때에도 흔들리지 않는 의연한 태도, 즉 입술의 고백과 삶의 태도가 일치되는 성숙된 신앙의 모습을 보여야 할 것입니다. 예수님에겐 우리의 어떤 고난과 시련도 잠잠케 하실 권능이 있으시기 때문입니다.

15

귀신을 떠나게 한 예수님의 축귀 권능 _눅 4:31-37

이 단락은 예수님의 권능 있는 행위들 중의 하나에 관한 누가의 최초 기사입니다. 누가는 마가복음에 나오는 세 개의 축귀 기사들(막 1:21-28, 5:1-20, 9:14-24; 기타 7:24-30은 생략)을 그대로 되풀이한 후에(눅 4:31-37, 8:26-39, 9:37-43) 마태복음 10장 22절에 나오는 또 하나의 아주 짧은 축귀 기사(눅 11:14)를 덧붙입니다. 축귀(逐鬼)란 귀신을 떠나가게 하심을 말합니다.

본문은 세 부분으로 기록되어 있습니다. 첫째는 예수님께서 회당에서 권위를 갖고 가르치심(31-32절), 둘째는 귀신을 추방하심(33-35절), 그리고 셋째는 예수님의 권위 있는 말씀에 대한 반응과 예수님의 명성이 널리 퍼짐(36-37절)입니다. 이 사건이 예수님의 말씀 속에 있는 권세와 능력에 관한 진술로 시작되고 끝난다는 사실은 매우 중요합니다.

귀신 들린 상태의 특징과 예수님의 권능

가버나움 회당은 갈릴리 여러 회당에서 하신 예수님의 설교에 대한 누가의 두 번째 예시의 배경 장소입니다(15절과 16절 참고). 여기에서 예수님의 가르침은 단지 언급만 될 뿐이고 자세히 보도되지는 않습니다. 이 기사는 회당에서의 가르침이라는 맥락에서 발생한 축귀 사건에 초점이 맞춰져 있습니다. 축귀는 18-19절에서 예수에 의해 선포된 사역의 일부로 이해되어야 합니다.

예수님은 나사렛에서 해변 마을인 가버나움으로 내려가십니다. 그의 가르침은 나사렛에서(22절)와 마찬가지로 사람들에게 놀라움을 불러일으킵니다. 22절에서 하나님의 은혜의 권능으로 가득 차 있다고 묘사된 예수님의 말씀이 여기에서 권세 있는 말씀으로 체험되었기 때문입니다. 예수님의 존재와 가르침은 귀신 들린 사람, 또는 적어도 귀신 들린 사람 속에 있던 귀신이 예수님의 존재에 위협을 느껴 자기를 그냥 내버려 두라고 요구하게 할 정도로 요동하게 만듭니다.

신약 성경에서 귀신 들린다는 것은 사람이 귀신의 영에게 지배를 받아 그에게 괴로움을 당한다는 것을 의미합니다. 귀신들림이

³¹갈릴리의 가버나움 동네에 내려오사 안식일에 가르치시매 ³²그들이 그 가르치심에 놀라니 이는 그 말씀이 권위가 있음이러라 ³³회당에 더러운 귀신 들린 사람이 있어 크게 소리 질러 이르되 ³⁴아 나사렛 예수여 우리가 당신과 무슨 상관이 있나이까 우리를 멸하러 왔나이까 나는 당신이 누구인 줄 아노니 하나님의 거룩한 자니이다 ³⁵예수께서 꾸짖어 이르시되 잠잠하고 그 사람에게서 나오라 하시니 귀신이 그 사람을 무리 중에 넘어뜨리고 나오되 그 사람은 상하지 아니한지라 ³⁶다 놀라 서로 말하여 이르되 이 어떠한 말씀인고 권위와 능력으로 더러운 귀신을 명하매 나가는도다 하더라 ³⁷이에 예수의 소문이 그 근처 사방에 퍼지니라 _눅 4:31-37

의사인 누가가 쓴 복음서에서는 특히 보통의 질병, 정신질환, 한센씨병, 시각장애인, 지체장애인, 청각장애인 등과 구별되고 있다는 것은 주목할 만합니다(40절, 7:21-22; 마 4:23,24, 8:16, 10:8; 막 6:13). 따라서 귀신들림은 단순히 일부 작가들이 주장하는 정신병의 일반적인 형태가 아니라 예수님이 지상에 계실 때 빈번했던 것으로서, 흑암의 권세를 멸하기 위해서 그가 오신 일과 직접적인 관련이 있는 특이한 현상입니다. 그 더러운 영들이 인격적인 존재라는 것은 그들이 점령한 사람에게서 떠나고, 말도 하며, 소리도 지르고, 초자연적인 지식은 물론 예수님에 관한 지식까지 소유하고 있으며 예수님 앞에서 두려움을 보이는 등 실제 사례에 관해 기록된 내용으로 보아 명백합니다. 사도 시대 이후로는 귀신들리는 일이 눈에 띌 만큼 나타나지는 않았지만, 적그리스도와 그의 추종자들이 판을 치는 마지막 때에는 그런 일이 절대적인 형태로 나타나게 될 것입니다(살후 2:9; 계 13:2 이하; 17:8 이하). 그러나 그때에도 그리스도는 그 악한 자와 그의 모든 어두운 권세를 이기시고 결국 그들을 모두 멸하실 것입니다(계 17:14).

예수님의 사역은 선한 일을 행하는 사역이지만(행 10:38), 귀신들이 예수와 접해서 득이 될 것은 하나도 없었습니다. '하나님의 거룩한 자'라는 예수님의 정체를 초자연적으로 알게 된(참조: 눅 1:35) 귀신은 거룩한 것과 더러운 것이 섞일 수 없다는 것을 너무도 잘 알고 있었습니다. "당신은 우리를 멸하러 왔나이다"라고 귀신이 올바르게 선언함으로써 귀신들에 대한 예수님의 전쟁 범위가 우주적인 것을 드러냅니다. 이 사건 속에는 귀신 들린 한 개인이 축귀를 통해서 구원받은 것 이상의 것이 포함되어 있습니다.

☰ 더러운 귀신 들린 사람의 상태(눅 4:33)

'더러운 귀신'은 의학적 분석이라기보다 영적인 분석에 따른 표현입니다. 때때로 질병은 귀신이 괴롭히는 것이며(눅 4:33) 하나님의 크신 능력으로 치유되는 보다 영적인 측면을 갖습니다. 여기서 귀신 '들린'에 해당하는 헬라어 '에콘'($\varepsilon \chi \omega \nu$)은 '가지다', '소유하다', '잡다' 등의 뜻을 지닌 동사 '에코'($\varepsilon \chi \omega$)의 현재 능동태 분사로서 '가지고 있는'을 의미합니다. 귀신이 어떤 사람을 가지고 있다는 것입니다. 이는 지금까지 그가 귀신 들린 상태에 있었고 또 계속 그러한 상태에 있음을 나타냅니다.

귀신들림은 이처럼 성경에서 자주 언급될 뿐만 아니라 오늘날 우리 주변에서도 간혹 목격되는 바입니다. 이 상태는 '전혀 이질적인 타 인격이 사람 속에 들어와서 그 사람의 영혼과 육신을 지배한 상태'라고 정의될 수 있습니다. 따라서 귀신들림이란 귀신 들린 자가 귀신이 되는 것이 아니라, 다만 그 귀신에 의해 인격이 지배당하게 됨을 의미합니다. 그런데 많은 심리학자들은 귀신 들린 것, 즉 사탄에 사로잡힌 이야기를 정신적 질병을 기술하는 원시적인 방법이라고 치부해버립니다. 역사적으로 정신적 질병이 귀신에 사로잡힌 상태라고 종종 그릇된 진단을 받은 때도 있었지만, 이 본문의 기록에서는 외부의 적대 세력이 이 사람을 통제하였던 것이 분명합니다.

한편 귀신 들린 자의 상황은 완전히 미친 상태, 병 걸린 상태, 혹은 귀신을 빙자한 주술적 능력을 지닌 상태 등으로 나타납니다. 귀신은 세상 끝날까지 잠시 동안은 인간보다 영적 능력이 더 우월한 상태로서 인간을 괴롭힐 수 있지만, 우리는 예수님의 이름으로 귀신을 추방하고 정복할 능력과 특권을 지니고 있습니다

(약 4:7). 또한 축사(逐邪) 신학에서 주의할 사항은 그 어떤 경우에도 인간이 귀신을 쫓는 것이 아니라 오직 주의 이름으로만 귀신이 축출될 수 있다는 사실입니다.

4장 33-37절에서 누가는 예수님이 사탄과 벌이는 커다란 전투를 묘사하고 있으며 예수님을 승리자로 보여줍니다. 이것은 누가가 기록한 예수님의 기적에 대한 최초의 내용입니다. 예수님은 안식일에 회당에서 백성들을 가르치셨습니다(4:31). 더러운 귀신 들린 사람도 회당 안으로 들어와 있었습니다. '더러운'이란 용어는 위생적인 의미보다 서기관들을 비롯한 유대교에서 성결 체계를 바탕으로 만든 규범적 개념에 가까운 용어입니다.

예수님의 권위 있는 교훈과 경이로움을 느끼는 사람들 때문에 자극을 받은 그는 큰 소리를 지르며 소동을 부렸습니다. 그에게 '악한 영'이 들어가 있었기 때문입니다. 악한(더러운) 영들이나 귀신들은 사탄의 지배를 받습니다. 그들은 사람들이 범죄하도록 유혹하기 위해 공작을 벌입니다. 악한 영들은 사람의 몸속으로 들어가 자리를 잡고 그를 조종합니다. 모든 질병이 사탄에게서 온 것은 아니지만, 때로 귀신들은 눈과 귀를 멀게 하고 혹은 언어장애인이나 정신질환자로 만들기도 합니다. 그러나 귀신들이 예수님께 도전할 때마다 모두 아무런 힘도 쓰지 못했습니다. 하나님은 모든 영들이 할 수 있는 것의 범위를 제한하십니다. 예수님의 지상 생애 동안 귀신들은 그리스도의 모든 능력과 그들에 대한

184

권위를 결정적으로 증명할 수 있도록 매우 적극적인 활동이 허용되었습니다.

사탄이 틈타지 못하게 해야

귀신 추방 이야기 자체는 예수님의 권세와 예수 말씀의 능력에 관한 진술들로 되어 있습니다. 누가는 예수님이 귀신을 쫓아내는 이적을 자신의 복음서에서 예수님의 공생애 활동 중 첫 번째 이적으로 소개하고 있는데, 아마도 그 의도는 누가가 다른 문맥에서 강조하고 있는 예수님의 말씀, 곧 "내가 만일 하나님의 손을 힘입어 귀신을 쫓아낸다면 하나님의 나라가 이미 너희에게 임하였느니라"(눅 11:20)라는 말씀에서 드러나고 있듯이, 축귀 이야기는 예수님의 오심과 그의 활동 가운데서 하나님의 통치와 그의 나라가 현재적으로 임하고 있음을 증거하기 위한 것으로 보입니다.

귀신은 귀신 들린 사람들을 병들게 하고, 발작을 일으키게 하며, 사회적으로 받아들여지지 않는 행동을 하게 했습니다. 영들의 세계에 속해 있는 귀신들은 특별한 영적 지식을 가졌습니다. 그들은 제자들이 완전히 깨닫기 훨씬 이전에 예수님의 신성과 역할을 인식할 수 있었습니다(막 1:23-24, 5:7, 눅 4:40-41, 8:28).

귀신들은 심지어 사람들에게 장래 일을 예측할 수 있는 능력도 줄 수 있었습니다(행 16:16). 그들은 속이고(고후 11:15), 사람들의 마음을 혼미하게 하며(고후 4:3-4), 진리에서 떠나게 하고(딤후 3:13; 요일 2:26, 3:7), 죄악된 쾌락과 성적 행위에 빠져들도록 유혹할 수 있었습니다(엡 5:6; 골 2:8; 살후 2:3).

교회와 반대로 귀신들은 거짓 교리(딤전 4:1; 요일 4:1-4)와 거짓 표적(살후 2:7-11; 계 16:14)을 사용합니다. 사탄은 신체적으로 바울을 상하게 했습니다(고후 12:7). 따라서 우리는 사탄으로 하여금 우리 삶에서 틈을 얻지 못하게 하고(엡 4:26-27), 또한 그의 음모를 알아야 합니다(고후 2:11). 사탄의 공격에 준비가 되어 있어야 하며(고후 11:3, 12:7; 엡 6:10-12), 단호히 그를 대적해야 합니다(약 4:7, 벧전 5:8-9).

귀신 축출 이야기를 첫 이적으로 소개한 이유

누가는 나사렛과 가버나움에서의 예수님의 사역에 관한 기사들을 사용하여, 갈릴리에서 시작되고(14절) 팔레스타인 전역으로 확대된(44절) 예수님의 순회 전도 사역을 특징짓습니다. 31-37절이 회당에서의 사역인 나사렛 기사와 병행되는 것은 사실이지만, 병행의 전체 범위는 31-43절까지입니다. 누가는 14-15절과의 연결을 위해서 31절에 '갈릴리 성읍'이라는 말을 첨가합니다.

마가 자료와 비교해보면 누가는 이 기사를 좀 더 통일적인 구조로 만들어놓았고, 예수님의 가르침과 축귀의 관계를 '권세 있는 말씀'이라고 규정함으로써 명확히 하고 있습니다. 누가는 마가의 기록을 충실히 따르고 있고, 그 밖의 다른 자료들을 사용했음을 보여주는 흔적은 없습니다. 예수와 귀신 사이에 오고간 대화 내용(34-35절)은 마가복음을 거의 그대로 옮겨 놓은 것입니다. 회당에서의 축귀와 예수님의 가르침에 관한 자료는 누가에 의해 결합되었을 것입니다.

이 이적은 누가복음에 나오는 이적 이야기들 가운데 최초의 것으로 소개된 이야기입니다. 비록 누가가 예수님의 이 이적이 '첫 번째' 것이라고 분명히 언급하고 있지 않지만, 누가복음에서는 이 이적이 예수님께서 행하신 첫 번째 이적으로 소개된 것입니다. 이 점에서 누가는 '물로 포도주를 만드신 이적'(요 2:1-11)을 첫 번째(11절) 표적이라고 소개하는 요한복음과 '문둥병자를 고치신 이적'(마 8:1-4)을 예수님의 이적 활동 가운데 맨 처음의 것으로 소개하는 마태복음과 다릅니다. 누가는 마가와 마찬가지로 예수님의 공생애 활동 가운데 맨 처음 행하신 이적이 가버나움에서 더러운 귀신 들린 사람을 고친 이야기였다고 전하고 있습니다.

예수님의 역사적 삶 속에서 실제로 어떤 것이 최초로 그가 행했던 첫 번째 이적인지를 밝히는 일은 결코 쉬운 일이 아닙니다. 복음서 기자들이 각자 자신의 복음서에서 예수님의 첫 번째 이적으로 소개하고 있는 것은 정확한 사실을 전하려는 그들의 역사편찬자로서의 관심이라기보다 도리어 그들의 신학적 관심 혹은 설교적 강조점과 밀접히 연관되어 있는 것으로 보입니다. 예를 들어 누가가 더러운 귀신에게 붙들려 고통당하는 사람을 고쳐준 이적을 예수님의 처음 이적으로 소개하는 것은 아마도 예수님의 공생애 활동의 주요 목적이 누가복음 4장 18절에서 밝힌 바와 같이 "포로된 자에게 자유를 … 눌린 자를 자유케 하기" 위한 것이기 때문이므로, 누가로서는 우선 더러운 귀신에게 사로잡혀 (포로가 되어) 눌려 지내는 자들을 해방시키고 자유케 하는 일을 소개하는 일이 중요하게 생각되었기 때문이었을 것으로 보입니다.

누가가 예수님의 가버나움 활동으로 소개하고 있는 처음 세 사건이 모두 귀신으로부터 자유케 하는 일(눅 4:31-37, 4:41)과 열병으로부터 해방시키는 일(눅 4:38-39)이었다는 사실은 누가의 그같은 의도와 밀접히 관련이 있는 것으로 생각됩니다. 예수님께서 말씀으로 귀신을 쫓아내신 것입니다(눅 4:33-35). 마가는 이 사건을 기술하면서 다음과 같이 묘사하고 있습니다. "더러운 귀신이 그 사람에게 경련을 일으키고 큰소리를 지르며 나오는지라"(막 1:26). 그 귀신이 그에게서 나왔지만 조용하게 나오지는 않았습니다. 그 남자를 땅바닥에 내동댕이칠 정도로 격렬한 경련을 일으키며 빠져 나왔을 것입니다. 이러한 행동은 귀신들이 사람들을 사로잡는 실제 의도가 무엇인지를 드러내고 있습니다.

귀신들은 하나님의 형상으로 된 것이면 무엇이든지 파괴하고 폭력을 가하기를 원합니다. 우리는 예수님께서 가버나움에서 귀신을 쫓아낸 사건을 통해 예수님이 누구인지를 배웁니다. 귀신을 쫓아내는 것, 즉 귀신이 훔쳐낸 이 세상에 대한 사탄의 통치권을 깨뜨리는 것은 하나님의 나라가 임박해 있으며 지금도 오고 있는 중이라는 예수님의 선포에 대한 증명이요 성취였습니다.

예수님의 신적 능력을 경험하면

사람들은 귀신들을 제어하는 그리스도의 능력을 인정하고 경탄하였습니다(눅 4:36). 아무도 이 이적의 진실성을 의심하지 않았습니다. 그것은 어떤 반론을 제기할 수 없을 정도로 명백하였고, 그 영광을 감소시킬 수 있는 말을 하는 것은 전혀 가능하지 않았습니다. 그들은 다 놀라 서로 말하여 이르되 "이 어떠한 말씀인고"라고 하였습니다. 사람들은 수많은 주문들과 진언들을 통해서 귀신을 달래고 얼러서 잠잠하게 하거나 잠재워 놓고는 마치 귀신을 쫓아낸 것처럼 가장합니다. 그러나 그리스도께서는 권위와 능력으로 귀신들에게 명하셨고, 귀신들은 대들거나 저항할 수 없었습니다. 심지어 공중의 권세 잡은 자조차도 그의 종이기 때문에 그 앞에서 두려워 떱니다. 다른 사건들과 마찬가지로 이 사건을 통해서 그리스도는 명성을 얻었고, 그의 소문은 널리 퍼져나갔습니다.

'다 놀라'(눅 4:36)에 해당하는 헬라어 '담보스'(θάμβος)는 두려움이 섞인 놀라움을 뜻합니다. 이것은 그리스도를 통해서 나타나는 말씀과 권세와 능력에 대한 놀라움입니다. 귀신을 축출하는 이례적인 사건을 통한 예수님의 신적 능력을 경험한 군중들은 예수에게서 범접(犯接)할 수 없는 권위를 보게 됩니다. 물론 당시 사회에서는 귀신을 달래거나 위로하는 주문과 주술적 행위를 통하여 일시적 또는 거짓으로 악령 추방이 행해지기도 했지만, 이러한 행위는 단순히 환자를 잠시 잠들게 하는 것일 뿐, 오히려 또 다른 귀신의 힘을 비는 경우도 있어 귀신 들린 사람으로 하여금 악순환을 되풀이하게 했습니다. 그러나 예수님은 주문이나 주술적 행위가 아닌 일방적인 명령을 귀신에게 던졌습니다. 그것은 하늘의 권세와 능력으로 말미암은 불가항력적인 명령이었습니다. 권세와 능력이라는 이 두 단어는 흔히 동의어로 쓰이지만, 흔히 권세는 외적이며 법적인 것으로, 능력은 내적이며 자연적인 것으로 사용됩니다. 특히 의사인 누가는 타고난 병 고치는 능력이란 뜻으로 후자(능력)를 즐겨 썼습니다.

신약성경은 귀신의 세력이 세상에서 활동한다고 가정합니다. 성경은 그들의 기원이나 성격에 관한 정보는 거의 말하지 않고, 사람들을 지배하는 그들의 능력과 예수님의 권능 앞에서의 무기력을 강조합니다.

여덟 개의 중요한 이야기들이 귀신 세력(악하거나 더러운 영)과 예수님의 충돌을 보여줍니다. ① 사탄은 예수님을 시험했습니다 (마 4:1-11; 막 1:2-13; 눅 4:1-13). ② 예수님은 귀신 들려 언어장애를 가진 사람을 말할 수 있게 만드셨습니다(마 9:32-33). ③ 시각과 청각에 장애를 가진 자에게 예수님은 시력과 목소리를 주셨습니다(마 12:22-23; 눅 11:14). ④ 예수님은 가나안 여인의 귀신 들린 딸을 고치셨습니다(마 15:22-28; 막 7:24-30). ⑤ 가버나움 회당에서 한 사람에게 들린 악한 영을 쫓아내셨습니다(막 1:23-27; 눅 4:31-37). ⑥ 예수님은 거라사 인들 가운데 한 사람에게서 귀신들의 군대를 내보내셨습니다(마 8:28-34; 막 5:1-20; 눅 8:21-37). ⑦ 예수님은 귀신으로 인해 간질 발작을 일으키는 소년을 고치셨습니다(마 17:14-20; 막 9:14-29; 눅 9:37-43). ⑧ 예수님은 귀신들을 잠잠케 하셨습니다(마 8:16; 막 1:32-35; 눅 4:40-41).

신약성경의 다른 곳에서도 예수님은 막달라 마리아에게서 일곱 귀신을 쫓아내셨고(눅 8:1-2), 사탄은 유다를 조종했습니다(요 13:27). 제자들(눅 10:17-20)과 어떤 이름 없는 자(막 9:38-40)가 귀신들을 쫓아냈습니다. 초대교회 역시 귀신 들린 사람들과 마주쳤습니다(행 5:15-16, 8:6-7, 16:16-18, 19:11-12, 19:13-17).

귀신들은 초자연의 세계에 속한 자들이므로 그들이 예수님을 하나님의 사람으로 알아보고, 상하게 하고, 절게 하고, 억압하고, 인생을 망치는 모든 세력에 대한 대적자(對敵者)로 인식한 것은 놀라운 일이 아닙니다. 나사렛에서 하신 사역 취임의 말씀에서 예수님께서는 자신의 의도를 분명하게 알리셨습니다. 그것은 구원하고, 해방하고, 치료하고, 그리고 생명을 회복시키는 것이었습니다. 이에 반대하는 모든 사람들과 세력들은 그분을 원수로 여길 것임에 틀림없습니다.

예수님은 치유와 관련하여 죄를 이야기할 필요가 있다고 생각했을 때에도, 그 사람의 고통의 유일한 원인이 죄라고 이야기하시지는 않았습니다. 예수님은 질병의 제1원인이 하나님과 그의 길을 미워하였던, 세상에 풀려 있는 악한 세력이 지배하고 있기 때문이며, 따라서 이 세력은 사람들의 삶에 유해한 영향력을 행사하였다고 믿었습니다. 그래서 예수님은 귀신을 축출했습니다.

거룩하신 예수님은 또한 거룩하게 하시는 분이라고 강조합니다. 예수님은 더러운 것을 보면 그것을 거룩하게 하십니다. 이 때문에 가버나움 회당에서 귀신 들린 자를 보았을 때 귀신을 쫓아내셨습니다. "그 사람에게서 나오라"(눅 4:35). 예수님은 거룩하신 분으로 가만히 정지해 있는 분이 아니라 오히려 거룩하게 하시는 분으로서 활동하십니다. 귀신이 두려워하는 것이 바로 이것입니다. 예수님께서 거룩하게 하시는 분이라는 사실이 귀신에게는 절대적인 두려움이 됩니다.

예수님의 권능은 거룩하게 하시는 일에서 가장 명확하게 드러납니다. 이 사실을 인식하는 교회는 거룩하게 하는 작업에 참여하게 됩니다. 이것이 교회의 능력입니다. 오늘날 교회가 회복해야 할 능력은 이적적인 능력이 아니라 거룩하게 하는 능력입니다. 그러므로 교회는 거룩하게 하는 일에 힘을 기울여야 합니다. 그렇게 하기 위해서는 예수 그리스도의 교훈에 바르고 굳게 서야 합니다.

간단한 말 한마디로 귀신을 통제하시다

누가가 그의 복음서 서두에서 최초로 소개하고 있는 이적 시리즈 3개(4:31-37, 38-39, 40-41)가 모두 '꾸짖다'(rebuke)란 동사로 연결되어 있는 사실에 주목할 필요가 있습니다(4:35,39,41). 누가는 예수님의 공생애 활동 중 처음 세 이적들을 귀신 축출 사건, 혹은 귀신 축출과 관련된 사건으로 다루고 있다는 증거입니다. 그리고 문맥에서 판단할 때 이것은 예수님이 하나님 나라의 복음을 전파한다는 것은 당연히 그의 귀신 축출과 관련이 있다는 것을 의미하는 것입니다.

모든 영역에서 전문가는 어떤 종류의 위엄을 지니고 있습니다. 어떤 음악가의 말에 의하면 토스카니니가 지휘대에 올라서면 그에게서 어떤 위엄이 넘쳐흘러 관현악단 전원이 그것을 느꼈다고 합니다. 우리는 전문적인 조언이 필요할 때는 그 방면의 전문가를 초청해 그의 의견을 따릅니다. 예수님께서는 인생의 전문가이십니다. 그의 말씀을 들으면 우리는 그분이 인간의 영역을 초월하신 분, 즉 하나님이시라는 것을 알게 됩니다.

예수님은 권세 있는 책망의 말씀을 통해서 귀신을 제압하십니다. 그는 귀신의 항변을 잠재우고 그 사람으로부터 귀신을 내보내십니다. 귀신은 아무런 최후의 저항도 하지 못합니다. 완전히 항복한 귀신은 그 사람을 아무런 해도 입히지 못한 채 예수에게 넘겨줍니다. 가버나움 사람들은 경악으로 압도당합니다. 그들은 예수님의 공적인 가르침에서와 마찬가지로 귀신에 대한 예수님의 명령 속에서 권세 있는 강력한 말씀을 경험합니다. 성령으로 기름 부음을 받은(눅 4:18, 참조: 눅 4:14) 예수님은 이를 목격한 사람들이 결코 부인할 수 없는 명백한 권세를 드러내 보이시고, 이것은 너무도 인상적인 것이었기 때문에 그 지역 전체가 알게 됩니다.

그리스도는 그의 능력으로써 사탄이 사로잡고 있었던 사람들의 몸에서 사탄을 내쫓음으로써 인간 세계와 사람들의 영혼에서 사탄의 주관자요 정복자라는 것을 보여주셨습니다. "하나님의 아들이 나타나신 것은 마귀의 일을 멸하려 하심이라"(요일 3:8). 귀신은 더러운 귀신(영)이기 때문에, 그의 본성은 순결하고 거룩하신 하나님의 본성과 정면으로 대립되는데, 원래의 모습에서 타락한 것입니다. 이 더러운 귀신은 사람들 속에서, 즉 사람들의 몸속에서와 마찬가지로 영혼 속에서도 활동합니다. 회당에 있는 자들, 하나님을 예배하는 자들 중에도 사탄의 능력과 활동에 많이 눌려 있는 자들이 있을 수 있습니다.

예수님은 거듭 귀신들에 대한 통제권을 행사하셨으며, 복잡한 의식을 통해서가 아니라 간단한 말씀으로 그들을 쫓아내셨습니다. 그렇게 하실 때 더불어 사람을 고치고 치유하며 구원하고 해방하셨습니다. 예수님은 이 능력을 열두 제자와 다른 사람들에게 주셨습니다(마 10:1,8, 막 9:38-41, 눅 10:17-20, 행 16:18). 그런 기적적인 능력은 자동적으로 이루어진 것이 아니었으며, 기도하지 않는 사람들은 그것을 사용할 수 없었습니다(막 9:28-29). 사탄은 교회나 또는 개개인 그리스도인들과의 최후 싸움에서 이길 수 없습니다. 왜냐하면 그리스도가 십자가 위에서 결정적인 승리를 거두셨기 때문입니다(요 12:31, 골 2:14-15, 히 2:14-15).

예수님은 이전에 그 누구도 경험해보지 못한 권능을 보여주셨습니다. 그 누구도 단순한 말 한마디로 축사를 행할 수 없습니다. 그는 권세와 능력을 소유하였고 따라서 말만으로 귀신이 두려움에 떨며 도망가도록 하실 수 있었습니다. 이것은 그날 회당 안에 있던 사람들을 놀라게 하였습니다. 예수님이 귀신과 정면 대결에서 자신의 권세를 보이심으로써, 그것을 목격한 사람들은 경이로움과 심지어 두려움을 갖게 되었습니다.

16

베드로가 증거한
예수님의 권능 _행 10:34-38

이 본문(행 10:34-38)을 통해, 예수님께서 승천하시기 전에 제자들에게 "너희는 가서 모든 민족을 제자로 삼아"(마 28:19)라고 분부하셨던 말씀과, "성령이 너희에게 임하시면 너희가 권능을 받고 예루살렘과 온 유대와 사마리아와 땅 끝까지 이르러 내 증인이 되리라"(행 1:8)는 예언이 성취되어가는 사실을 발견하게 됩니다.

베드로는 하나님께서 사람을 외모로 취하시지 않으시고, 하나님을 경외하고 의를 행하는 사람을 받으시는 분임을 깨닫고 고백합니다. 베드로의 이 고백은 당시로선 혁신적이었으며, 유대인의 편견과 사상을 깨끗이 쓸어버렸습니다. 그러나 이방인을 구원하겠다는 하나님의 새 약속의 말씀은 사실 구약시대부터 분명히 알려진 것이었습니다(참조, 창 12:3). 구약 성경에서 유대인은 하나

34베드로가 입을 열어 말하되 내가 참으로 하나님은 사람의 외모를 보지 아니하시고 35각 나라 중 하나님을 경외하며 의를 행하는 사람은 다 받으시는 줄 깨달았도다 36만유의 주 되신 예수 그리스도로 말미암아 화평의 복음을 전하사 이스라엘 자손들에게 보내신 말씀 37곧 요한이 그 2)세례를 반포한 후에 갈릴리에서 시작하여 온 유대에 두루 전파된 그것을 너희도 알거니와 38하나님이 나사렛 예수에게 성령과 능력을 기름 붓듯 하셨으매 그가 두루 다니시며 선한 일을 행하시고 마귀에게 눌린 모든 사람을 고치셨으니 이는 하나님이 함께 하셨음이라 _행 10:34-38

님의 택한 백성이며 그분의 약속과 계시의 특별한 수령인들이었습니다. 여기서 베드로는 하나님의 계획이 교회를 통하여 세계로 퍼져나가고 있다고 말한 것입니다. 그런 다음에 베드로는 만유의 주가 되시는 예수 그리스도를 통하여 하나님께서 평화의 복음을 전하신 내력을 대강 이야기했습니다. 이 내용은 마가복음의 내용과 평행을 이루고 있음을 알 수 있습니다. 마가는 요한의 세례로 시작된 예수님의 사역이 갈릴리로부터 유다와 사마리아와 예루살렘에서의 복음전파로 이어지고, 그리고 십자가에서 죽으시고 부활하시고 지상 명령을 주시기에 이르기까지를 주 예수님의 사역을 따라 말하고 있습니다.

베드로는 그와 그의 동료들이 예수님의 하신 모든 일의 직접적인 목격자임을 말하고 있습니다. 유대인들은 그분을 나무에 달아 죽였으나 그 주님은 부활하셨고, 사도들은 바로 부활의 증인들인 것입니다. 베드로는 그리스도의 사역이 결과적으로 심판 아니면 구원이 됨을 분명히 했습니다. 구원의 핵심 조건은 믿음입니다. 메시아를 믿는 믿음을 통한 죄의 용서 메시지는 구약에서 선지자들을 통해 계속해서 전해져온 것이기도 합니다.

베드로는 이방인들에게 예수님의 이야기를 보다 완전하게 설명해야 할 필요성을 느꼈습니다. 그의 청중은 확실히 세상의 선과 악에 대해 알고 있었을 것입니다. 로마 제국에 사는 그 누구도 악에 대해 의심할 수 없었으며, 참 하나님을 섬기는 그 누구도 선을 의심할 수 없었을 것입니다. 베드로는 그들에게 예수 그리스도께서 악의 왕국에 도전하셨고, 마귀에게 눌린 모든 자들을 구출하셨다고 말했습니다. 이 모든 일이 어떻게 일어났을까요? 하나님이 나사렛 예수에게 기름을 부으셨을 뿐 아니라, 그분이 하는 모든 일에 함께하셨기 때문이었습니다.

나사렛 예수에게 성령과 능력이 부어짐으로

38절은 구약에서 기름 부음을 받을 수 있는 세 직분 (왕, 제사장, 선지자)의 역할을 모두 감당하시는 분으로서 사역하셔야만 하는 예수님을 설명하는 것입니다. 베드로가 예수님께 대하여 '기름 부음'을 언급한 것은 그를 하나님의 그리스도로 나타내기 위해 반드시 필요한 일이었습니다. 이런 표현은 이미 구약에 언급되어 있고(사 61:1) 신약에서도 이를 인용하고 있는데(눅 4:18,19), 이는 그분의 사역과 깊은 연관을 맺고 있기 때문입니다. 한편 '나사렛 예수'라는 것은 그분의 인성(人性)을 표현하는 말로서, 인간의 형체를 가진 예수님은 하나님의 아들이시며 그분의 계획을 실천하시는 사역자이심을 잘 나타내고 있었습니다.

베드로는 예수님께서 이적을 행하시도록 하나님께서 "나사렛 예수에게 성령과 능력을 기름 붓듯 하셨다"라고 말합니다(행 2:22, 4:27; 사 61:1; 눅 4:18; 요 3:34; 히 1:9). 즉, 예수님께서 세례를 받으실 때 하나님은 성령을 보내셔서 능력을 덧입혀주셨으며(행 2:22, 4:27; 사 61:1; 눅 4:18; 요 3:34; 히 1:9), 또 예수님께서 사역을 시작하실 때 성령의 능력을 물 붓듯이 부어주셨습니다(마 4:1; 요 3:34). 한 마디로 하나님께서 예수님에게 기름을 부어 메시아가 되게 하셨다는 뜻입니다.

예수님께서는 공생애를 시작하시기 전까지 부모님과 함께 나사렛에서 성장하셨기 때문에 유대인들은 예수님을 그렇게 불렀습니다. 한편 나사렛이라는 수식어는 비천하다는 의미를 내포하고 있습니다. 빌립은 나다나엘에게 "나사렛에서 무슨 선한 것이 나올 수 있겠느냐?"라고 말했으며(요 1:46), 예수님의 십자가에는 '나사렛 예수 유대인의 왕'이라고 쓴 팻말이 붙여졌습니다(요 19:19). 그러므로 하나님께서 나사렛 출신의 비천한 예수, 역사적인 예수에게 성령과 능력을 기름 붓듯 하셨다는 사실은 놀라운 일입니다.

'기름 붓듯'에 해당하는 헬라어 '에크리센'(εχρισεν)은 '크리오' (χρίω)의 3인칭 단수능동태 부정과거 직설법으로 '호스'(ὡς)라는 부사와 함께 사용되어 '그가 기름 붓는 것처럼 하셨다'라는 뜻입니다. 이것은 하나님께서 예수에게 직접 기름을 부으셨다는 말이 아니라, 마치 기름을 붓는 것처럼 성령과 능력을 가득 내려주셨다는 것입니다.

기름을 붓는 예식은 왕이나 제사장이나 선지자를 임명할 때 하는 의식으로, 옷깃까지 흘러내리도록 기름을 부었습니다. 예수님께서는 성령과 능력으로 충만하게 되어 지상에서의 복음 사역을 능히 수행하실 수 있었다는 것입니다(눅 4:1; 요 3:34). 한편 '나사렛 예수'라는 것은 그분의 인성(人性)을 표현하는 말로 인간의 형체를 가진 예수님은 하나님의 아들이시며 그분의 계획을 실천하시는 사역자이심을 잘 나타내고 있습니다.

성령과 능력을 기름 붓듯 하셨기에, 다시 말해 예수님을 메시아가 되게 하셨기에 "두루 다니시며 선한 일을 행하시고 마귀에게 눌린 모든 사람을 고치셨"(히 2:14-15)습니다. 그리고 "선한 일을 행하셨다"라는 말은 '병자들을 고쳐주시고 또 죽은 자들을 살려주셨다'라는 뜻이고, "마귀에게 눌린 모든 사람을 고치셨다"라는 말은 말 그대로 예수님께서 사람들로부터 귀신들을 쫓아내신 것을 지칭합니다(요일 3:8).

베드로는 예수님께서 이런 위대한 일들을 하실 수 있었던 것은 '하나님이 함께하셨기' 때문이라고 말합니다(요 3:2). '하나님이 함께하셨다'는 말은 예수님께서 하나님의 아들 그리스도라는 것을 뜻하는 말입니다. 베드로가 이렇게 예수님을 메시아로 드러내는 이유는 메시아이신 예수님께서 고넬료의 가정 식구들과 친지들을 위하여 대속의 죽음을 죽으시고 부활하신 효과가 엄청나다는 것을 드러내기 위함이었습니다. 오늘 우리의 죄를 대속하신 분은 바로 그 하나님의 아들, 메시아이신 예수님이십니다.

베드로의 메시지는 예수에 대한 그의 메시지를 듣고 있는 모든 사람들 위에 내려오신 성령의 (기름) 부음으로 갑자기 끝납니다. 베드로와 함께 온 할례 받은 신자들은 유대인 신자들과 동일하게 이방인들이 성령을 받는 이 증거를 보고 놀랐습니다. 그들은 방언을 했습니다. 그것은 확실한 표적이 되고도 남았습니다. 이에 베드로는 그들이 그리스도를 믿음으로 성령을 받았고 방언을 말하므로 물세례를 주었고 그들과 함께 여러 날을 머물렀습니다.

베드로는 하나님께서 유대인뿐 아니라 이방인도 받으신다는 새로운 사실을 깨닫고 놀라움과 기쁨을 표시하면서 그들에게 복음을 전했습니다. 하나님은 성령을 통해서 이 사실, 즉 이방인의 구원을 확증하셨습니다. 하나님께서는 이제 복음이 유대인들에게와 똑같이 이방인들을 위한 것이기를 원하셨던 것입니다.

권능 받으심으로 선한 일을 행하시다

베드로가 예수님께 대하여 '기름 부음'을 언급한 것은 그를 하나님의 그리스도로 나타내기 위해 반드시 필요한 것이었습니다. 하나님이 성령과 능력을 기름 붓듯 하셨다는 사실은 예수 그리스도가 거룩한 기름 부음으로 말미암아 권위를 부여받았고, 또한 그가 행하신 모든 일을 이룰 수 있었다는 것을 말합니다. 이 때문에 그는 그리스도라고 칭해졌던 것입니다. 그리스도, 곧 메시아는 기름 부음 받은 자라는 뜻입니다. 예수님께서 세례를 받으실 때 성령께서 그 위에 임하셨고, 그는 능력이 충만하여져서 말씀을 전하셨으며, 아울러 거룩한 사명에 대한 보증인 기적을 행하셨습니다.

하나님께로부터 성령과 능력을 기름 붓듯 받으신 예수님께서는 두루 다니시며 선한 일을 행하셨습니다. 예수님께서는 자신이 온 것에 대하여 "도둑이 오는 것은 도둑질하고 죽이고 멸망시키려는 것뿐이요 내가 온 것은 양으로 생명을 얻게 하고 더 풍성히 얻게 하려는 것이라"(요 10:10)고 말씀하셨습니다. 예수님께서는 이 세상에 오셔서 마귀에게 눌린 자들을 고쳐주셨으며 병든 자들을 고쳐주셨습니다. 예수님께서는 어제나 오늘이나 영원토록 동일하시기 때문에 오늘날도 우리 가운데 오셔서 선한 일을 행하십니다(히 13:8). 예수님께서는 우리의 죄를 용서하시고 우리에게 새 생명을 주십니다. 또한 예수님께서는 성령의 능력으로 우리 가운데 오셔서 우리의 모든 질병을 고쳐주십니다. 예수님께서는 "두 세 사람이 내 이름으로 모인 곳에는 나도 그들 중에 있느니라"(마 18:20)라고 말씀하셨습니다. 그러므로 우리는 이 약속을 믿고 모여 기도하기를 힘써야 합니다. 우리가 믿고 기도할 때 예수님의 병고침의 역사가 우리에게 일어나게 되는 것입니다.

베드로는 마가복음이 시작하는 곳(요한이 세례를 반포한 곳)에서 이야기를 시작하고 있습니다. 그리고 예수님께서 하신 선한 일과 예수님께서 행하신 기적 등을 포함하여 갈릴리와 온 유대에서 행하신 사역을 언급합니다. 베드로의 청중은 아마도 이 사건들을 대부분 잘 알고 있었을 것입니다. 기적과 치유는 마귀에 대한 예수님의 권능을 보여주는 동시에 하나님이 그와 함께하신다는 사실과, 하나님이 실제로 성령과 능력으로 그에게 기름을 부으셨다는 사실을 입증하는 것입니다(사 61:1-3; 눅 4:16-21). 베드로가 말하는 기름 부음은 예수님이 세례 받으실 때 일어났으며 성령이 비둘기의 형태로 그 위에 강림하셨습니다(막 1:9-11; 눅 3:21-22).

17

권능 받은 제자 공동체가 경험한 것 _행 2:1-4

사도행전 2장은 몇 가지 점에서 교회의 관심을 끌어왔습니다. 본문은 무엇보다 오순절 성령 강림의 역사적 사건에 대한 유일한 기록이라는 점에서 성경 독자들의 큰 주목을 끌었습니다. 뿐만 아니라 예수님의 수제자요 사도들의 대표 격인 베드로의 첫 설교가 소개되어 있기도 합니다. 매우 요약적일지라도 우리는 본문을 통해 초대 유대 크리스천의 삶의 모습도 발견하게 됩니다. 성령이 오심으로 유대인들과 구별되는 또 하나의 '신앙공동체'가 형성됨으로써, 흔히 말하는 신약적 교회가 탄생한 것입니다.

누가의 기사는 성령이 오신 시간과 장소에 대한 간략하고 실제적인 언급으로 시작합니다. 누가는 그 위대한 사건이 갑자기 일어났다고 말합니다. 하나님의 영이 그들에게 임하셨습니다. 그리

¹오순절 날이 이미 이르매 그들이 다같이 한 곳에 모였더니 ²홀연히 하늘로부터 급하고 강한 바람 같은 소리가 있어 그들이 앉은 온 집에 가득하며 ³마치 불의 혀처럼 갈라지는 것들이 그들에게 보여 각 사람 위에 하나씩 임하여 있더니 ⁴그들이 다 성령의 충만함을 받고 성령이 말하게 하심을 따라 다른 언어들로 말하기를 시작하니라 _행 2:1-4

고 그분이 오실 때 세 가지 초자연적 표적들, 즉 '어떤 소리', '어떤 광경' 그리고 '이상한 말'이 수반되었습니다.

첫째, 하늘로부터 급하고 강한 바람 같은 소리가 내려와 그것(즉 그 소리)이 저희가 앉은 온 집에 가득하였습니다(2절).

둘째, 그들에게 불의 혀처럼 갈라지는 것이 눈에 보이게 나타났는데, 그것은 각 사람에게 임했고(3절) 그들에게 개인적 소유물이 되었습니다.

셋째, 다 성령의 충만함을 받고 성령이 말하게 하심을 따라 다른 방언(즉 모종의 언어들)으로 말하기를 시작했습니다(4절).

오순절의 의미와 그날에 일어난 이상한 일

오순절은 유월절을 지낸 지 '7주가 되는 날'을 기념하는 유대인의 연중 절기였습니다(레 23:15-16). 그 날짜는 유월절로부터 7주가 지난 후에 맞는 날이라서 종종 '칠칠절'이라고도 불렸습니다. 그래서 '오순절'이란 단어는 '50'을 의미합니다. 그런 명칭이 붙은 이유는 이 절기를 유월절의 50일 후에 지켰기 때문입니다. 그것은 원래 처음 익은 곡식을 추수한 것을 기념하는 절기이기도 했습니다. 이 당시 유대인들은 오순절과 시내산의 율법(토라) 수여를 연결지어 생각하였습니다.

오순절은 유대인들의 삼대 연중 절기(유월절, 오순절, 초막절) 가운데 하나였습니다. 오순절을 기준으로 유월절은 50일 전에 있고 초막절은 대략 넉 달 후에 있습니다. 예수님께서는 유월절 때에 십자가에서 돌아가셨고 부활 후 40일째 되던 날 승천하셨습니다. 성령께서는 예수님이 부활하신 지 50일째, 즉 승천 후 10일째 되는 날에 임하셨습니다. 오순절을 '첫 열매'와 동일시하는 것은 여기서 실제적인 의미를 지니는 것 같습니다. 이날에 그리스도를 믿게 된 3천 명은 앞으로 그리스도를 따르게 될 수천 명 가운데 '첫 열매'이기 때문입니다.

그 첫 열매가 된 공동체는 전열(戰列)을 갖추고 군기를 나부끼면서, 모험적으로 나가면서 사건을 스스로 해결하려고 하지 않았습니다. 오히려 기다리고 기도하기 위하여 뒤로 물러섰습니다. 그 다음의 움직임은 하나님께 의존했습니다. 성령을 내려주시고 이스라엘에게 나라를 회복시켜 주시겠다는 약속을 이행하시는 일은 전적으로 부활하신 그리스도께서 하실 일이었습니다. 그래서 어떤 의미에서 기도란 그 공동체가 하나님께서 약속을 이행하시도록 졸라대는 오만하리만큼 대담한 노력입니다. "주님의 나라가 임하게 하시고 주님의 뜻이 이루어지게 하소서"라고 기도하면서, 우리는 하나님께서 하실 일을 해주시고 우리에게 약속하신 것을 주시도록 간청합니다. 기도는 하나님께서 친히 해주신 약속에 대해 성실하실 것이란 확신과, 하나님은 하실 일을 하신다는 확신에서 나오는 담대한 행위입니다. 교회가 성령과 나라와 권세의 회복을 받을 것이라고 기도하는 것은, 기도를 내세운 오만으로 보이지만 실제로는 가장 심오한 겸손이며, 하나님만이 교회가 절실하게 필요로 하는 것을 주실 수 있다고 믿는 교회의 겸손한 깨달음입니다.

오순절에 모인 그들은 천하각국(天下各國)에 흩어져 있던 경건한 유대인들이었습니다. 일찍이 그들의 조상은 BC 586년 바벨론에 의해 포로로 끌려가면서부터 근동 지역, 즉 바벨론, 메대 등지와 소아시아, 시리아, 알렉산드리아, 이탈리아, 그리스, 이집트에 흩어져 살면서 종교적 관습과 규범을 지켜왔습니다(요 7:35; 약 1:1; 벧전 1:1). 또한 이들은 경건한 자들이었기 때문에, 다른 나라에 거주하고 있었음에도 불구하고 이스라엘의 3대 절기 중 하나인 오순절을 하나님 앞에서 지내기 위해 예루살렘으로 왔습니다(참조, 출 34:23; 신 16:16). 그들에게 세 가지 이상한 일이 일어났던 것입니다.

첫째, 바람 같은 소리를 듣다

그들은 급하고 강한 바람 같은 소리를 들었습니다. 우리는 그런 경험이 어떤 것인지를 압니다. 바람이란 뜻의 단어는 프뉴마(πνεῦμα)로서, 예수님께서 니고데모에게 성령과 바람에 대해 말씀하실 때 사용하신 것과 동일합니다(요한복음 3:7-8). 성령께서 하늘로부터 임하신 것은 하나님으로부터 그리고 그리스도로부터 임하셨다는 뜻입니다(2:33). 성령은 사람들이 소위 말하는 기(氣)도 아니고 강한 진동도 아닙니다. 예수님께서 승천하신 후 아버지께로부터 받아서 오순절에 내려주신 거룩한 영(靈)이십니다.

믿는 자들이 모였을 때 그들은 홀연히 급하고 강한 바람 같은 소리, 혹은 소음을 들었습니다(공기의 필연적인 움직임이 아니라 아마도 바람이 움직이는 소리 같습니다). '바람'(프노에 πνοη)이란 단어는 '성령'(프뉴마)이란 단어와 발음이나 철자가 유사합니다. 바람은 성령에 대한 좋은 비유입니다. 그것의 결과는 있지만 보이지 않고, 영원히 마르지 않으며 도처에서 발견될 수 있습니다. 몇몇 학자들은 이 사건과 에스겔 37장 1-14절의 마른 뼈를 연관시키기도 하고, 성령을 바람에 비유하신 예수님과 니고데모의 대화(요

3:8)를 연관시키기도 했습니다. 유대인들은 하나님의 성령의 바람이 메시아 시대의 도래보다 선행하며 그것을 알려줄 것이라고 믿었습니다. 이 소리의 원천은 분명합니다. 그것은 하늘로부터 오는 소리였습니다. 그것은 모든 사람들에게 영향을 미칠 것입니다. 왜냐하면 그것이 저희가 앉은 온 집에 가득했기 때문입니다. 그 집은 1장 13절에서 언급된 믿는 자들이 모여서 기도하던 다락방을 가리키는 것 같습니다.

바람이 그 집 전체를 채우는 것은 구약성경에서 성전을 가득 채우신 하나님의 임재를 상기시킵니다. 만약 당신이 미국의 남부나 중서부, 캐나다의 일부지역에 산다면 토네이도(tornado, 강한 회오리바람)가 집안에 있는 것을 상상하면 될 것입니다. 미국 동부 해안이나 맥시코만 부근에 사는 사람들은 허리케인을 경험하였을 것입니다. 그것이 집안에 있다고 상상해보십시오. 누가는 아마 이 사건이 일어났을 때 현장에 있지 않았을 것이나, 동료들이 그것을 설명하는 것을 수도 없이 들었을 것입니다. 그날은 그들이 결코 잊을 수 없는 날이었기 때문입니다.

특히 성령께서 강림하실 때 '급하고 강한 바람 같은 소리'가 있었습니다. 이 말씀은 성령이 급하고 강한 바람이라는 뜻은 아닙니다. 다시 말해 성령이 바람은 아닙니다. 다만 성령이 급하고 강력한 바람 같은 소리를 내면서 강림하셨다는 뜻입니다. 성령이 거역할 수 없는 하나님의 능력으로 임하신 것입니다. 이렇게 성령을 바람으로 비유한 것은 바람이 보이지는 않으나 어떤 (예컨대 무엇을 움직이는) 일을 하듯이 성령도 사람을 거듭나게 하는 역사를 하신다는 것을 말하기 위한 비유입니다(겔 37:9-14; 요 3:3,8).

성경은 성령을 여러 가지로 비유했습니다. 때로는 본문에 있는 대로 바람으로 비유하기도 했고, 또 때로는 비둘기(눅 3:22), 기름(눅 4:18), 불(마 3:11-12), 생수(요 7:38-39)로 비유했습니다. 성령은 오늘도 우리 눈에 보이지는 않으나 큰 역사를 이루십니다. 사람을 거듭나게 하시고, 성화시키시고, 사람의 영안을 열어 진리의 세계를 보게 하십니다.

예루살렘에서 오순절에 있었던 그 사건은 교회를 위한 일종의 '고전'(古典)으로서, 믿음의 공동체가 그것에 권위를 부여하고 자체의 생명을 위한 안내자로 여기고 거듭하여 그것으로 되돌아갑니다. 이 사건 속에서 그 공동체의 정체가 보입니다. 성령의 힘 있는 역사하심 중에 그 공동체의 기원이 상세하게 설명되어 있기 때문입니다. 때로는 이 사건이 교회에 소망을 주었고, 때로는 교회를 심판하고 부족한 점들을 찾아내기도 했습니다.

누가는 사실(fact)이 이야기를 통하여 효과적으로 전달된다고 믿는 것 같습니다. 직접적인 설명이나 쉬운 접근방법으로는 언제나 숨겨져 있는 사실들이 이야기를 통해선 잘 전달된다는 것입니다. 우리가 밝혀내는 사실들은 불확실하지 않기 때문에 놀랄 만한 결과를 기대할 수도 있습니다.

오순절에 다락방에서 발생했던 사건에 대해서는 한 가지 이상의 해설이 가능합니다. 하나의 재구성만으로는 그 사건을 정확하게 평가할 수 없습니다. 이상하고 우리의 상상을 초월하며, 신비하고 설명하기 어려운 보고에 대해 우리는 우리의 귀를 기울이고 있습니다. 누가에게 오순절에 일어난 그 일에 대한 보고는 교회의 존재에 관한 기원을 '설명할'수 있는 단 한 가지 방법입니다. 평이한 산문체의 설명으로는 교회가 어떻게 형성되었는지, 당시에 우둔했던 제자들이 어떻게 그리스도에 관한 사실을 선포하는데 능변을 발휘했는지를 바르게 설명할 수 없다는 것입니다.

예수님께서 말씀한 아버지의 약속인 성령이 드디어 기도하는 제자들에게 바람처럼 임하였습니다. 물론 성령은 영원 전부터 성부, 성자 하나님과 함께 존재했고, 그리하여 구약에서도 종종 '주의 영', '여호와의 영' 등으로 언급되며 등장한 바 있습니다(비교. 시 139:7). 또한 예수님의 사역 중에도 능력으로 함께 하시며 그 사역을 도왔습니다(눅 4:1,14,18, 4:36, 6:19, 8:46). 그러나 그때의 사역은 그 본질에서는 완전했지만, 범위에서는 제한적이고 부분적이며 보조적이었습니다. 그러나 이제 오순절에 아버지의 약속을 따라 성령이 강림함으로써 보편적이고 전체적이며 주도적으로 활동하기 시작했습니다. 그리하여 물론 강림 이후에도 사도들이 전면(前面)에 나서서 활동하기는 했으나, 실제로 그 사역을 주도한 것은 바로 성령이었습니다. 여기서의 성령의 강림이란 이제 성부와 성자 하나님이 약속한 성령이 오신 것입니다. 이 성령 강림은 요엘서 2장 28절 이하에 예언된 종말론적 사건이었습니다. 즉, 이제 세상의 종말이 시작되었고, 따라서 새 시대의 시작을 의미하는 것입니다. 성령은 구원의 보증(알라본 ἀρραβών)으로서 본질상 내세의 영(靈)인데, 성령이 강림했다는 것은 이제 내세와 하나님의 나라가 시작되었음을 가리키는 것입니다.

사도행전 2장에 나오는 '성령의 오심'(눅 24:49; 행 1:4-8)의 주제는 '예수님의 승천'(눅 24:50-53; 행 1:9-11)이라는 주제와 더불어 누가복음과 사도행전 각각의 내러티브를 이어주는 연결 주제라는 사실을 인지할 필요가 있습니다. 사도행전을 연구하는 대부분의 학자들은 이 주장에 동의합니다. 또한 이 주제는 사도행전 2장에 이르기까지 누가-행전 전체 내러티브 안에서 직·간접으로 암시되고 있습니다(눅 3:16, 11:13, 12:12, 21:15, 24:49; 행 1:4-5). 오순절 성령 강림의 주제 자체가 누가-행전 내러티브의 목적은 결코 아니지만, 하나님께서 구원하시는 계획과 뜻을 보여주는 누가-행전의 전체 내러티브를 이해하기 위하여, 특히 사도행전 1장 8절의 실제적 적용을 가능케 해주는 사도행전 2장은 이후의 사도행전을 이해하는 데는 결정적입니다.

지상사역을 마친 예수님께서 부활하시고 승천하신 후 이제 새로운 교제의 형식으로 자신의 제자들과 관계하며 하나님의 뜻, 즉 예루살렘에 머물며 기도하면서 약속하신 성령을 받게 하시겠다는 계획을 계시해주십니다. 여기서 이 새로운 교제의 형식을 가능하게 해주는 절대적 매개체가 사도행전의 전체 문맥에서는 성령으로 나타납니다. 이런 면에서 '사도행전'은 '성령행전'이라 불릴 수 있습니다. 그러나 누가의 관점에서 본다면, 누가-행전의 전체 메시지로서 '잃어버린 자들을 찾아 구원하기 원하시는 하나님의 뜻, 즉 구원의 계획'을 실행하는 자는 여전히 예수님 자신이십니다(참고 행 9:15, 18:9-10, 22:18,21, 23:11, 26:14-18). 즉, 누가복음에서는 지상의 예수님께서 말씀과 이적 그리고 무엇보다 자신의 인격을 통해 하나님 나라를 선포함으로써 죄 사함과 회개의 구원을 선포하였다면, 사도행전에서는 천상의 예수님께서 성령을 통해 자신의 제자들과 교제함으로 인해, 그리고 예수님의 죽으심과 부활하심에 대한 제자들의 증거 행위, 즉 그들의 설교와 이적을 통해 하나님 나라를 선포함으로써 동일한 구원의 메시지를 나타내고 있는 것입니다(행 20:21-27, 28:23,31).

둘째, 불의 혀같이 갈라지는 것이 임하다

한편, 큰 바람의 소리에 더하여 눈으로 보이는 시각적 이미지가 첨가되고 있습니다. "불의 혀처럼 갈라지는 것들이 그들에게 보여 각 사람 위에 하나씩 임하여"(행 2:3). 어째서 '불의 혀'일까요?

그것은 '혀'가 말과 복음의 전파를 상징하고, '불'은 하나님이 정결케 하시는 임재를 상징하기 때문인 것 같습니다. 그것은 사람들의 삶에서 바람직하지 못한 요소들을 태우며, 다른 사람들의 삶을 불태우기 위하여 그들의 마음에 불을 지핍니다.

시내산에서 하나님은 하늘에서 내려오는 불 가운데 나타나셔서 구약의 율법의 유효성을 확증하셨습니다(출 19:16-18). 그 외의 구약 다른 곳에서 불은 하나님의 임재를 묘사하는 데 사용되었습니다(창 15:17; 출 3:2-6, 13:21-22, 24:17, 40:38).

요한은 예수님께서 사람들에게 성령과 불로 세례를 줄 것이라고 말했습니다. 하나님은 오순절에 불을 보내심으로써 성령 사역의 유효성을 확증하셨습니다. 뿐만 아니라 시내산의 불은 한 장소에 임했던 반면에 오순절의 불은 많은 신자들에게 임했으며, 그것은 하나님의 임재가 그를 믿는 모든 자들에게 유효하다는 것을 상징합니다. 이 사건은 불로 주는 성령세례를 증거했던 세례 요한의 말을 확실히 성취하고 있습니다(눅 3:16). 베드로는 이 사건을 요엘의 예언 성취로 선언하고 있습니다(욜 2:28,29).

누가는 불과 몇 절을 통해 사도행전 줄거리의 상당 부분을 우리에게 조금씩 보여줍니다. 사도행전 이야기가 시작되는 이 일화를 그가 취급하는 방법을 보면서, 우리는 이와 유사한 시작의 장면, 즉 누가복음 4장에서 예수님께서 그의 고향 회당을 방문하셨을 때의 장면을 생각하게 됩니다. 그 장면에서 회당에 모인 자들이 '요셉의 아들'과 더불어 기뻐하다 존경의 마음이 분노로 바뀌는 것을 보게 되는데, 예수님께서 하나님의 큰 사랑이 어떻게 이방인의 삶 속에 강하게 역사하시는지를 생각하게 하셨을 때입니다. 예수님께서 고향에서 하신 이 첫 설교는 누가복음의 나머지 부분의 예시가 되고 있습니다. 반면 사도행전 2장은 나머지 이야기에 대한 일종의 요약이며, 누가복음 4장과 상당히 비슷하게 작용합니다(눅 4:21). 하나님의 능력이 매우 전통을 벗어난 방법으로, 신실한 사람들의 전통적 모임 속으로 강하게 임하여 들어왔던 것입니다.

예수 그리스도의 제자들이 모였던 곳은 확실히 알려지지 않았지만, 누가는 그들이 한 곳에 모였다고 기록하고 있습니다. 그들이 집에 모였을 때 바람과 불이 임했습니다. 여기에서 바람과 불은 성령의 권능의 상징들입니다. 세례 요한은 그것을 장차 오실 이의 사역으로 예언했었습니다. 그 예언이 그 자리에서 이루어지고 있었습니다. 성령의 능력으로 지상 사역을 완성하신 '장차 오실 그분'께서 자기 백성들을 '성령과 불'로 세례를 주고 계셨던 것입니다.

성경에서 성령세례는 크게 두 가지로 나타납니다. 첫 번째, 강한 바람으로 묘사됩니다. "그 때에 여호와께서 폭풍우 가운데에서 욥에게 말씀하여 이르시되"(욥 38:1). 두 번째로는 불 세례로 나타나기도 합니다. "나는 너희로 회개하게 하기 위하여 물로 세례를 베풀거니와 내 뒤에 오시는 이는 나보다 능력이 많으시니 나는 그의 신을 들기도 감당하지 못하겠노라 그는 성령과 불로 너희에게 세례를 베푸실 것이요"(마 3:11).

이것은 3절에서 불의 혀같이 여러 종류의 언어(방언)가 언급될 조금 후의 상황에 적합한 은유라고 생각됩니다. 이것은 불에 의한 성령세례에 대한 세례 요한의 예언의 성취(눅 3:16)이자, 성령 강림에 대한 선지자 요엘의 예언의 성취이기도 했습니다(욜 2:28,29). 혀는 연설과 복음의 전파를 상징합니다. 불은 하나님의 임재의 상징이며(출 3:2, 19:18), 또한 깨끗하게 하는 심판과도 연관되어 있습니다(마 3:12). 즉, 우리의 삶 가운데 있는 바람직하지 못한 요소들을 태워버리며, 다른 사람들의 마음이 타오르도록 하기 위해서 우리의 마음을 타오르게 만드는 것입니다.

시내산에서 하나님은 하늘로부터의 불로써 구약 율법의 유효성을 확증했습니다(출 19:16-18). 그리고 오순절에 하나님은 불을 내려보내심으로 성령 사역의 유효성을 확증했습니다. 시내산의 불은 한 장소에만 내려왔지만, 오순절의 불은 하나님의 임재가 이제는 하나님을 믿는 모든 이에게 유효하게 되었음을 상징하면서 많은 성도에게 임했습니다. "각 사람 위에 하나씩 임하여 있더니"라는 말씀(행 2:3)에는 '하나씩'(헤카스톤 ἕκαστον)이 있습니다. 이것은 성령이 각 사람에게 개별적으로 역사했음을 뜻하는 것입니다. 우리는 본문의 언어에 주의할 필요가 있습니다. 그 소리는 바람소리가 아니라 바람과 같은 소리였습니다. 그들은 불의 혀같이 갈라지는 것을 보았습니다. 그 불은 하나로 시작된 것이 갈라져서 그들 위에 임한 것으로 보입니다.

성경은 흔히 불을 하나님의 임재와 연관시킵니다. 모세는 어느 날 광야에서 불을 발견했습니다(출 3:2). 이 경험이 매우 상징적이었기 때문에, 우리가 하나에서 여럿으로 갈라진 오순절의 불에서 그리스도의 몸의 통일성과 다양성을 보는 것은 과히 틀리지 않을 것입니다.

누가는 성령께서 강림하실 때 "마치 불의 혀처럼 갈라지는 것들이 그들에게 보여 각 사람 위에 하나씩 임하여" 있었다고 말합니다. 여기에서 '불의 혀처럼 갈라지는 것들'이란 말은 '불처럼 갈라진 혀들'이란 뜻으로, 무엇이 불에 탈 때 그 불의 끝이 갈라지는 것 같은 현상이 각 사람 위에 하나씩 임했다는 뜻입니다. 다시 말해, 각 사람 위에 불의 혀 같은 것이 하나씩 임했다는 뜻입니다. 그러니까 120명쯤의 성도들에게 120개쯤의 불의 혀 같은 것이 임한 것입니다. 각 사람 위에 임한 불의 혀 같은 것은 하나님의 놀라운 임재를 상징합니다(출 3:2 이하, 19:16-20). 120명의 성도들은 불의 혀 같은 것이 하나씩 임했을 때 하나님의 놀라운 임재를 느꼈을 것입니다.

불의 혀 같은 것은 성화를 상징합니다. 불은 태우는 것으로 각 사람을 성화시킵니다(겔 1:4,13; 말 3:2). 예수님의 제자들은 이

때 세례 요한의 예언을 기억했을 것입니다. 요한은 "그(예수님)는 너희에게 성령과 불로 세례를 주실 것이요"라고 말했습니다(마 3:11; 눅 3:16). 세례 요한이 말한 '불'은 성화를 위한 불을 지칭합니다. 120명의 성도들은 불의 혀 같은 것이 임했을 때 성화되었을 것입니다.

오늘 우리도 최초로 성령을 받거나 혹은 충만에 이르면 성화를 경험하게 됩니다. 그리고 불의 혀(tongue) 같은 것은 전도할 수 있는 능력을 상징합니다. 혀는 말하는 기관입니다. 그들은 성령을 받고 즉시 전도하였습니다(5-12절). 한 사람이 한 언어씩을 하여 거기에 모였던 15개국 사람들이 다 하나님의 놀라운 일을 말하는 것을 들었습니다. 성령 강림이 '하늘로부터 갑자기 급하고 강하게' 임한 것으로, 그리고 '마치~같은' 것이라는 표현을 통해, 그날에 일어난 현상이 매우 이례적이면서도 설명하기 쉽지 않은 신비로운 사건임을 묘사해주고 있습니다.

'바람 같은 소리'와 '불같은 혀들이 갈라지는 것'으로 그날의 모습이 비유된 것은 구약의 하나님께서 역사하심 내지 현현의 경우를 떠올리게 해줍니다(창 15:17; 출 3:2, 13:21-22, 19:16-19; 신 4:11-12,33,36; 겔 1:25-28; 단 7:9-14). 말하자면, 이것은 성령께서 이 땅에 오심이 초월적인 신적 기원을 가지고 있음과, 오순절에 임하신 성령의 오심이 '들음'과 '봄'이라는 감각 작용을 통해 명백히 인지할 수 있는 현상들을 동반했음을 증거하는 셈입니다.

그리고 이 성령이 임한 대상은 다름 아닌 그곳에 모인 사람들, 즉
예수님의 제자들이었습니다.

셋째, 여러 나라와 민족의 언어로 말하다

그들은 또한 방언을 말했습니다. 그리스도의 나라의 다인종적,
다민족적, 다언어적 특성을 이보다 더 분명하게 보여주는 것은
아무것도 없을 것입니다.

초대 교부들 이래로, 주석가들은 오순절의 복을 바벨탑의 저주
가 계획적으로 또 극적으로 역전된 것으로 보았습니다. 바벨에
서 인간의 언어들은 혼잡하게 되었고 민족들은 흩어졌습니다. 예
루살렘에서 언어의 장벽은 초자연적으로 극복되었습니다. 그것
은 구속받은 우리가 '모든 나라와 족속과 백성과 언어에서' 나아
올 위대한 날을 예시하며(창 11:9; 계 7:9), 민족들이 이제 그리스
도 안에서 한데 모일 것이라는 표적이었습니다. 게다가 바벨에서
는 땅이 교만하게 하늘에까지 오르려고 했던 반면, 예루살렘에서
는 하늘이 겸손하게 땅으로 내려왔습니다.

오순절에 모인 이 사람들은 말 그대로 '다른 방언'으로 말하고
있습니다. 그 절기를 지키기 위하여 여러 나라에서 온 사람들이
그 도시에 모였기 때문에 이목이 집중되고 있었습니다. 그곳에

참석했던 각 나라 사람들은 그들의 방언으로 말하고 있는 것을 알아차렸습니다.

유대인들은 말로 하는 예언이 마지막 예언서인 말라기서에서 그친 것으로 생각하였습니다. 그후 그들은 학자들과 교사들이 해석한 토라를 통해 하나님만 말씀하신다고 생각하였습니다. 따라서 '그날'은 교회사에서 참으로 주목할 만한 날이고, 에스겔서 37장 11-14절이 성취된 날이었습니다.

신자들은 성령이 말하게 하셔서 다른 방언으로 말할 수 있었습니다. 이것은 신약에 나타나는 분명한 가르침입니다. 즉, 성령께서는 주권적으로 각 신자들이 받게 될 은사를 결정하십니다(고전 12:7,11). 더욱이 이 은사들은 그리스도의 몸을 세우는 데 사용되도록 의도된 것들입니다. 예수 그리스도에 의해 시작된 하나님의 나라가 이제 성령이 강림함으로 인하여 보편화·일반화되었다는 말입니다. 다시 말하면 예수 그리스도에 의해 성취된 구원을 모든 사람에게 보편적으로 적용함으로써 하나님의 나라를 보편화시켰다는 것입니다.

이제 성령이 강림함으로써 성령의 시대가 시작되었으며, 이런 의미에서 오순절의 성령 강림은 성령 사역 취임의 의미도 있는 것입니다. 예수 그리스도의 탄생이 하나님의 나라의 시작을 의미했듯이, 성령 강림은 교회의 공식적 시작을 뜻하는 것입니다. 성령이 강림하여 믿는 무리에게 충만히 임하자, 그 결과 중의 하나로 방언의 역사가 나타났던 것입니다. 그리하여 천하 각국에서 몰려온 수많은 유대인이 자기 나라의 고유한 언어로 사도들이 하나님의 큰일을 말하는 것을 듣게 되는 기적이 일어났습니다. 그러나 오순절에 일어난 이 엄청난 하나님의 역사가 믿음 없는 자들에게는 한낱 술 취한 자들의 주정쯤으로 치부되었습니다.

그들은 다 성령의 충만함을 받았고 이전보다 더욱 풍부하고 강력하게 성령의 충만함을 받았습니다. 그들은 성령의 은혜로 충만하였고, 이전보다 더욱 거룩하게 되는 능력을 받아 거룩해지고, 하늘에 속하고, 영적이 되며, 이 세상으로부터 멀어지고 저 세상을 더욱 잘 알게 되었습니다. 그들은 이전보다 그리스도의 사랑과 하늘에 대한 소망 안에서 위로가 넘쳐났고 더욱 기뻐하였으며, 그들의 모든 슬픔과 두려움이 다 사라져버렸습니다. 그들은 또한 이러한 사실을 증거하라는 명령에 순종하도록 성령의 은사로 충만하였으며, 이를 알리려는 것이 본문의 특별한 의도입니다. 즉, 그들은 복음전파를 위해 기적을 행하는 권능을 받은 것입니다.

제가 보기에 이때에는 열두 사도들뿐만 아니라 백이십 명의 모든 제자들이 성령의 충만함을 받았습니다. 그들은 사도들과 거의 같은 수준의 사람들이었는데, 사도와 같은 일에 헌신했던 칠십인의 문도들과 복음을 전하였던 다른 사람들 모두 성령으로 충만하였습니다. 그런데 그리스도께서 위로 올라가실 때에 그 사람들에게 선물을 주셨는데(엡 4:8), 어떤 사람(열둘)은 사도로, 어떤 사람은 선지자로, 어떤 사람은 복음 전하는 자로(칠십인의 문도들과 순회 설교자들), 어떤 사람은 특정한 교회에 뿌리내린 목사와 교사로 삼으셨습니다(엡 4:11). 여기에서 '다'라는 말은 그곳에 함께 한 모든 사람을 의미합니다.

오순절의 방언에 대한 하나의 유명한 해석이 있습니다. 이 사건이 바벨탑 사건을 역전시켰음을 의미한다는 것입니다(창 11:1-9). 바벨탑 사건 중에 그처럼 혼잡해졌던 인간의 언어는 원래대로 되었습니다. 그리고 당시에 그처럼 분산되었던 공동체도 원상태로 되었습니다. 누가가 이 내용을 의중에 두었는지는 확인할 수 없습니다. '하나님의 큰 일'은 이 시점에서는 단지 유대인들에게만 선포되었습니다. 유대인과 이방인들의 분리가 치유되기 위한 시간은 이 사건 속에서는 아직 성숙되지 못했습니다.

이 이야기 속에서는 당시에 한 언어만이 있었다고 주장하고 있지 않습니다. 누가는 제자들이 여러 언어들을 말하고 있었다고 보고하고 있습니다. 그리고 오순절이 말하기보다는 듣기, 즉 모든 사람이 즉시 방언을 알아듣는 기적과 연관되었다는 주장도 없습니다. 여기서 보이고 있는 기적은 말씀 선포의 기적입니다. '하나님의 큰일'을 말할 만한 '혀'를 갖고 있지 못했던 저들이 이제는 설교를 하고 있는 것입니다.

누가가 여기서 고린도전서 14장에 있는 무아경의 언어, 즉 방언(glossolalia)을 말하고 있는지는 의심스럽습니다. 왜냐하면 그러한 언사는 모든 사람들이 알아듣도록 통역이 필요했기 때문입니다. 고린도전서 14장에 있는 방언에 관한 이론을 근거로 판단하건대, 바울이 세운 여러 교회에서 성령은 다양한 방법으로 자신의 임재를 보여주셨음을 알 수 있습니다. 누가의 관심은 성령의 능력이 함께하여 알아들을 수 있는 외국의 언어들로 되어졌던 말씀 선포를 설명하려는 것이었습니다.

그리하여 다 성령의 지배와 인도를 받다

성령이 임하는 현장에서 급하고 강력한 바람 같은 소리(눈에 보이지 않은 것)가 나고 또 불의 혀 같은 것(눈에 보이는 것)이 보였을 때, 그들은 "다 성령의 충만함을 받았습니다"(행 2:4). 여기에서 성령의 충만함을 받았다는 말은 첫째, 성령의 지배를 받게 되었다는 뜻입니다. 둘째는 성령의 인도함을 받았다는 뜻입니다(행 16:6-10). 이 말씀에서 성령의 충만함을 받았다는 말은 결코 분량의 개념이 아닙니다. 오직 성령이 지배하시고 인도하심을 뜻하는 말입니다. 성령 충만함을 받았다는 말은 부정(단순)과거 수동태 시제로 역사상에 단 한번만 존재했던 사건으로 묘사되어 있습니다. 다시 말해 성령이 내려오시고 또 내려오시는 것이 아니라, 그때 한번 내려오셔서 그 다음 사마리아에도 임하고(행 8:14-17) 고넬료의 가정에도 임했으며(행 10:44-48) 에베소에도 임했습니다(행 19:1-7). 예수님께서도 초림하셔서 사역하셨듯이 성령도 한번 오신 다음 영원히 우리와 함께 계시면서 사람들에게 진리를 깨닫게 해주시는 일을 하신다는 것입니다(요 14:16-17,26). 성령은 한번 오신 다음 또 올라갔다가 다시 위로부터 오시는 분이 아니라, 한번 우리에게 오신 성령은 떠나시지 않고 우리 속에서 역사하신다는 것입니다. 그러므로 우리는 성령을 받은 다음에는 이미 우리에게 오신 성령께서 우리를 지배하시고 또 인도하시도록(이것이 성령 충만입니다) 기도해야 합니다. 우리는 성령 충만을 받기 위하여 기도해야 하고, 또 하나님 말씀을 읽어야 하며(골 3:16) 죄를 자복해야 합니다.

성령은 제자들이 다른 방언으로, 즉 이전에 경험하지 못했던 언어로 말하게 했습니다. 성령 충만의 결과의 하나로 그들이 방언을 했던 것입니다. 어떤 이들은 당시 로마 치하에서 모든 사람이 대부분 아람어와 헬라어를 사용했기에 방언에 관한 이 구절의 말씀은 오류라고 말합니다. 그러나 여기서 말하는 방언은 2장 6,8,11절을 보게 되면 각 사람의 난 곳(나라)의 고유한 토착 언어임을 알 수 있습니다.

방언에 대한 또 다른 예는 사도행전 10장 46절과 19장 6절에서 발견됩니다. 바울은 고린도전서에서 세 장에 걸쳐서 이 특별한 은사를 다루고 있습니다(고전 12-14장). 그러나 이 말씀들이 모두 알려진 방언, 즉 다른 나라의 언어를 가리킨다고는 볼 수 없습니다. 다만 방언 은사는 이곳에서 특별한 의미를 갖는데, 그 이유는 다른 민족과 언어를 가진 사람들이 거기에 모여 있었기 때문입니다. 그들은 다른 언어를 배운 적이 전혀 없었지만 모국어 외에 다른 언어들을 말하기 시작하였습니다. 그들이 말한 내용은 일상적인 대화가 아니라 하나님의 말씀이었고 그의 이름에 대한 찬양이었습니다. 왜냐하면 그들이 성령이 말하게 하심을 따라 말하였기 때문이며, 혹은 성령께서 그들에게 격언, 곧 본질적이고 중요한 말, 기억할 만한 가치가 있는 말을 허락해주셨기 때문입니다.

그들은 마치 바벨로부터 흩어진 여러 부족들과 같이 서로 다른 언어로 말하였을 뿐만 아니라 필요한 경우 모든 사람이 다른 언어들로 말할 수 있었을 것입니다. 또한 그들이 자신의 말을 이해하였던 것은 물론이고 서로의 말을 이해하였을 것이라고 우리는 추정합니다. 이는 바벨탑을 건설한 자들과 다른 점이었습니다(창 11:7). 그들은 여기저기서 이 말 저 말을 하거나 엉터리 문장으로 더듬거리며 말하지도 않았습니다. 도리어 그들은 마치 모국어인 양 서슴없이, 적절하게 그리고 우아하게 말하였습니다. 기적으로 말미암은 것은 무엇이든지 최상이었습니다. 그들은 이전에 생각한 것이나 묵상한 것을 말하지 않았고 성령이 말하게 하심을 따라 말하였습니다. 성령께서는 언어와 함께 말할 내용도 그들에게 알려주셨습니다. 각각 자기의 방언으로 세계 각국에 흩어져 있는 유대인들은 모국의 아람어를 이해했을 것입니다.

대부분의 복음주의 학자들은 오순절의 방언이 바울이 고린도에서 다룬 황홀경의 소리가 아니라(고전 14:1-12) 순전한 언어였다고 믿습니다. 두 가지 논증이 그 언어들이 이전에 학습되지 않은 언어들을 나타내는 점을 강하게 강조합니다. 첫째, 6절과 8절에서 사용된 방언이라는 말은 언어나 지방 사투리만을 지칭할 수 있습니다. 둘째, 그 다음에 나오는 문단은 (5-12절) 다른 언어들을 사용하는 사람들이 그들 자신의 언어로 그리스도인들의 메시지를 이해했다는 사실을 구체적으로 강조합니다. 또한 당시의 헬라어는 세계 여러 나라에서 통용되던 언어였습니다. 그러나 이보다 더한 일이 발생하고 있었습니다. 즉, 사도들은 세계 각국의 '고유한' 방언으로 말했던 것입니다.

성령 받은 사람들이 성령의 입이 되다

기독교는 어떤 인종이나 국적의 사람들에게 국한되지 않습니다. 그리스도는 국적과 관계없이 모든 사람에게 구원을 베푸십니다. 예루살렘의 방문자들은 사도들과 다른 성도들이 자기 나라 말이 아닌 다른 나라의 언어로 말하는 것을 듣고 놀랐습니다. 하나님은 여러 나라의 사람을 부를 때 그 언어들을 사용하면서 복음을 전파하기 위해 온갖 종류의 기적을 행하십니다. 하나님이 사람을 부르실 때, 민족, 인종, 국적, 언어는 전혀 문제가 되지 않습니다.

누가는 120명의 성도들이 다 성령 충만함을 받은 결과 "성령이 말하게 하심을 따라 다른 언어들로 말하기를 시작했다"라고 말합니다(행 10:46, 19:6; 막 16:17; 고전 12:10,28,30, 13:1, 14:2). "성령이 말하게 하셨다"라는 것입니다(행 2:17; 욜 2:28). 성령이 주체가 되시고 사람들은 성령의 주장에 따라 말을 하게 되었습니다. 그래서 그들은 각자 다른 방언으로 말하게 되었습니다. 신약학자 키스트메이커(Kistemaker)에 의하면, 성령 받은 사람들이 성령의 입이 된 것입니다. 고린도 교회 성도들의 방언은 다른 사람이 알아들을 수 없는 말이었습니다(고전 14장). 그러나 오순절에 120명의 성도들의 방언은 사람들이 알아들을 수 있는 방언이었습니다.

누가복음의 예수님의 탄생과 사도행전의 교회의 탄생을 비교해보면 매혹적인 유사점들을 찾게 됩니다. 두 이야기는 성령의 임하심으로 시작됩니다. 두 사건 직전에 성령의 역사가 있었습니다. 두 이야기 중에 나오는 약속들은 세례 요한에 관한 약속들과 대조를 이루고 있습니다. 누가가 이야기를 취급하는 방법을 알게 되면, 그 최초의 공동체에 관한 초기의 이야기로부터 우리는 많은 것을 알게 되리라고 기대할 수 있습니다.

성령은 오순절(2:1-4)에 예수님을 믿는 모든 자들에게 임했습니다. 신자들은 예수 그리스도를 구원자로 믿을 때 성령을 받습니다. 다시 말해 성령으로 세례를 받습니다. 우리는 성령 세례를 그리스도인들 안에서 역사하시는 성령의 전 사역이라는 관점에서 이해해야 합니다.

'성령 충만'은 원칙적으로 '성령 세례'라는 용어와 구별될 수 있습니다. '세례'라는 말은 신학적 · 객관적 용어로서 성령께서 신자들의 삶에서 처음 행하시는 사역인 관계의 시작을 가리키며, 물세례처럼 반복되지 않는 행위입니다(행 11:15-16; 롬 6:3; 고전 12:13; 골 2:12). 그러나 성령 세례의 첫 단계를 밟은 신자는 자신의 삶 속에서 성령의 능동적인 사역을 계속 활용해야 합니다. 그러한 현상은 신약에서 성령 충만으로 묘사되고 있습니다(참조. 행 4:8,31, 6:3,5, 7:55, 9:17, 13:9,52; 갈 5:16; 엡 4:30, 5:18).

18

권능 받은 제자 공동체의
변화와 사역 _행 2:42-47

성경적인 교회의 참된 모습의 예

누가는 사도행전에서 여러 차례, 특히 앞의 장들에서 교회가 어떻게 하고 있는지를 간략히 보고합니다. 2장 42-47절은 그중 첫 번째 보고입니다. 여기서 저자는 1세기 당시뿐 아니라 주님의 승천부터 재림에 이를 때까지 모든 시대에서 성경적인 교회의 참된 모습은 어떤 것이어야 할지를 기술합니다.

성경적인 교회의 첫째 특징은 가르침입니다. 수천 명의 새로운 회심자들은 베드로가 구약성경 본문을 예수님의 사역과 어떻게 연결하는지 정확히 이해하는 것이 필요했습니다. 신학자들은 그것을 '메시아적 기독론'으로 부르며, 그것은 신약성경 교리의 핵심이 되었습니다. 둘째 특징은 새로운 그리스도인들이 교제에 참여했다는 것입니다. 그래서 누군가 그 교회를 '천국의 식민지'라고 불렀습니다. 여기에서 신자들은 주님이 십자가 사형 직전에 그분의 제자들에게 주신 말씀을 성취했습니다. "새 계명을 너희에게 주노니 서로 사랑하라 내가 너희를 사랑한 것 같이 너희도 서로 사랑하라 너희가 서로 사랑하면 이로써 모든 사람이 너희가 내 제자인 줄 알리라"(요 13:34-35).

헨첸(D.E. Haenchen)은 원시교회 공동체의 이상적 교회상을 사도행전 2장 42-47절을 모델로 제시하고 있습니다. 헨첸은 이것을 네 개로 분류하였는데, 첫째 42절의 원시교회 공동체 내의 종교적 활동으로 분류하였습니다. 둘째 43절의 교회 지도자들로 인한 기사와 표적을 통한 선교 사역으로 분류하였습니다. 셋째 44-45절의 교회 공동체의 사회봉사 구제 활동으로 분류하였습니다. 그리고 넷째 46-47절의 교회 공동체 성도간의 영적 친교로 분류하였습니다.

누가는 사도행전에서 오순절 성령의 역사에 따른 예루살렘의 초대 유대 기독교인들의 전형적인 삶의 모습을 모두 세 번에 걸쳐 묘사하고 있는데(행 2:42-47, 4:32-35, 5:12-16), 우선 베드로의 영감 있는 설교에 이어 다음 네 가지로 요약되어 소개됩니다.

첫째, 사도들로부터의 가르침 : 이 권위 있는 가르침은 예수님의 죽음과 부활에 대한 증거와 함께 사도들이 직접 들었던 예수

⁴²그들이 사도의 가르침을 받아 서로 교제하고 떡을 떼며 오로지 기도하기를 힘쓰니라 ⁴³사람마다 두려워하는데 사도들로 말미암아 기사와 표적이 많이 나타나니 ⁴⁴믿는 사람이 다 함께 있어 모든 물건을 서로 통용하고 ⁴⁵또 재산과 소유를 팔아 각 사람의 필요를 따라 나눠 주며 ⁴⁶날마다 마음을 같이하여 성전에 모이기를 힘쓰고 집에서 떡을 떼며 기쁨과 순전한 마음으로 음식을 먹고 ⁴⁷하나님을 찬미하며 또 온 백성에게 칭송을 받으니 주께서 구원 받는 사람을 날마다 더하게 하시니라 _행 2:42-47

님 자신의 말씀으로 전해졌을 것입니다(참고, 행 4:2, 5:42, 15:35).

둘째, 성도들 상호간의 사랑과 돌봄의 교제 : 이 교제는 일상의 음식을 제공하는 것과 함께 필요한 물건을 서로 제공하고 나누어 주는 실천적 교제였습니다(44절 이하).

셋째, 떡을 떼는 것 : 이것은 누가의 표현에 따르면 단순한 음식을 나누는 일일 뿐 아니라 유월절에 예수님과 함께 마지막 식사를 나누었던 만찬을 상기시키면서, 그분의 사역(특히, 죽으심과 부활)을 기념했던 것으로 이해됩니다(참고, 눅 22:19, 24:30; 행 20:7,11).

넷째, 기도하는 일 : 초대 성도들은 또한 기도에 몰두하는 자들이었는데(행 4:24, 6:4, 12:5: 13:3, 20:36), 이들(유대-기독교인들)은 유대인들로서 자신들이 해왔던 기존의 기도 시간을 그대로 이용하되(참고, 행 3:1), 기도의 내용이나 대상이 이제는 예수 그리스도와 관련되기 시작하였으므로 기존의 유대인들과 점점 차이가 나기 시작했을 것입니다(참고: 사도행전 4장 23-30절의 사도들의 기도와 사도행전 7장 54-59절의 스데반의 기도의 경우).

만일 사도행전이 순수하게 오늘의 관점에서 기록됐다면, 우리는 2장 1-41절이 전해주는 오순절의 요란함, 베드로의 감동적 설교, 군중의 열렬한 반응으로 이 이야기가 끝났을 것이라고 기대할 것입니다. 오늘의 종교생활은 순간적 열정, 간헐적 폭발, 피상적인 것들로 병들어 있습니다. 사실상 오늘의 표현으로 '열정적'(문자적으로: 하나님으로 충만)이란 어떤 장기간의 무엇에 뿌리를 내리지 못한 단기간의 '치솟음'(high)과 동의어입니다. 그리하여 우리는 종교적 감정에 회의적이고 모든 카리스마적 흥분과 소란은 하찮게 끝나리라고 의심하기 일쑤입니다. 누가가 감명을 주려고 "이날에 제자의 수가 삼천이나 더하더라"라고 쓴 주장은 안타깝게도 우리를 별로 감동시키지 못합니다. 우리가 이같은 부흥과 경건한 분출들이 오가는 것을 보아왔기 때문입니다.

42절은 그 다음에 이어지는 공동체의 상황에 대한 묘사로 넘어가는 이행(易行)절입니다. 42절은 아직도 새로 회심한 사람들에 관하여 말하고 있지만, 이와 동시에 모든 신도들의 생활을 묘사하는 것이기도 합니다.

원시 초대교회의 특징은 사도들의 가르침에서부터 시작됩니다. 오순절 성령의 강림으로 나타난 현상 중에 두드러지는 것은 사도들의 발 빠른 교육 사역이었습니다. 그들은 능력의 영이신 '약속된 성령'(눅 24:49; 행 1:8, 2:1-4)을 받은 후 그리스도의 유기체인 원시교회를 역동적으로 움직이도록 교육을 통해 사역하였습니다. 공권력으로 움직였던 산헤드린 공회는 천지를 뒤흔들기 시작한 이 영적인 능력 앞에서는 무력할 뿐이었습니다.

초대교회의 활동은 이중적이었습니다. 첫째로 믿는 자들은 사도들의 가르침과 교훈을 받으려고 '지속 혹은 계속'적으로 힘썼습니다(행 1:14, 6:4, 8:13; 롬 12:12; 골 4:2). 둘째는 교제였는데, 그 교제는 떡을 뗌과 기도를 말합니다. '교제'와 '떡을 떼며 기도하기'의 사이에 '그리고'를 생략한 것은 후자의 두 가지 행위가 교제(영적 교제)와 동격임을 나타냅니다. 사도들은 이런 '표적과 기사'를 많이 행했습니다(행 4:30, 5:12, 6:8,13, 14:3, 15:12.). 그리스도께서도 많은 '기사와 표적' 그리고 또한 '기적'(능력의 사역)을 행하셨습니다.

신자들은 예배뿐 아니라 주님의 일에도 적극적으로 참여했습니다. 누가는 그가 2장 22절에서 예수님에 대해 사용한 바로 그 동일한 언어를 사도들을 묘사하는 데 사용합니다. 그 기사와 표적들은 새 시대의 증거를 보여주었습니다. 하나님은 모세가 율법을 받았을 때, 그리고 엘리야와 다른 선지자들이 이스라엘 전역에서 새로운 메시지를 외쳤을 때 기적을 주셨습니다. 비록 하나님이 계속하여 기적을 행하셨을지라도, 사도행전 15장 이후로는 그 용어가 등장하지 않습니다.

그들의 사역에는 또한 함께 살고 사랑하는 법을 배우는 것도 포함됐습니다. 그들은 자신의 소유물을 팔아 모든 사람이 필요한 대로 갖게 했습니다. 공산주의인가요? 절대로 그렇지 않습니다. 이것은 자발적이고, 동시대적이며, 임의적인 것이었습니다. "재산과 소유를 팔아 각 사람의 필요를 따라 나눠 주었다"("또 주린 자에게 네 양식을 나누어 주며 유리하는 빈민을 집에 들이며 헐벗은 자를 보면 입히며 또 네 골육을 피하여 스스로 숨지 아니하는 것이 아니겠느냐" 사 58:7).

자기의 재산과 소유를 판 것은 강제에 의한 것이 아니었고, 또한 박탈에 의한 것도 아니었습니다. 전적으로 자의(自意)에 의한 것이었습니다. 그들은 가난한 자들을 생각하라는 그리스도의 말씀에 철저히 순종했습니다. 초대교회의 목적은 가난한 자를 없애자는 것이었습니다(행 4:34a). 부자들이라고 해서 재산을 다 매각했다는 말은 없습니다(행 5:4). 다만 가난한 사람들을 위하여 기금을 만들 목적으로 재산과 소유를 판 것으로 보입니다(행 4:34b-35, 6:1).

재산이 있는 사람들은 자발적으로 팔아서 가난한 자들을 위해 기금을 만들었습니다. '교제'라는 말과 어원이 동일한 단어가 여기에 나타납니다. '통용'이란 말은 헬라어로 코이나(κοινα)이며,

여기서 코이노니아(κοινωνία, 교제-2:42)란 단어가 파생됩니다. 오순절을 위해 예루살렘으로 순례를 떠났던 유대인 수천 명 가운데 다수가 유월절(50일 이전)에 왔을 것입니다. 이제 그들은 새롭게 발견한 기독교 신앙의 기초를 배우기 위하여 예루살렘에 훨씬 더 오래 머물렀습니다. 많은 사람들이 그토록 오래 머무르려면 예루살렘에 사는 자들에게 재정적이거나 물질적인 도움을 받아야 했을 것입니다. 필요가 생길 때면 신자들은 빈궁한 사람들을 돕기 위하여 그들의 소유를 팔았습니다. 이같이 모든 물건을 서로 통용하는 관행은 구체적인 필요에 대한 반응이었던 것 같습니다. 5장 1-11절의 아나니아와 삽비라 사건 이후에는 모든 것을 나누는 특별한 관행에 대한 언급이 없습니다. 있다 하더라도 적어도 교회가 태동하던 몇 주간에 실천하였던 정도의 일은 아니었습니다. 다른 신자들을 하나님의 가족 중에서 형제와 자매로 인정하면서, 예루살렘의 성도들은 그들이 가진 것 전부를 함께 나눔으로써 모두가 하나님의 선물을 누리게 되었습니다.

다른 사람들부터 떨어져서 자신의 이익만을 추구하며 각자 자기만의 삶을 누리는 것이 유익하고 편리하게 보일 수 있습니다. 특히 우리가 물질적인 부(富)를 갖고 있을 때는 더욱 그러합니다. 그러나 하나님의 영적인 가족의 일원으로서 가능한 모든 방법을 동원해 다른 사람들을 돕는 것이 우리의 책임입니다. 하나님의 가족은 구성원들이 함께 협력할 때 가장 훌륭하게 일할 수 있을 것입니다.

그들은 신앙의 교제를 위하여 자주 만났습니다(44절). "믿는 사람이 다 함께 있어"라는 표현이 한 장소에 수천 명의 사람들이 전부 모였다는 말은 아니었습니다(이것은 불가능한 일이었습니다).

라이트푸트(lightfoot) 박사의 설명대로 그들은 언어, 나라, 혹은 단체에 따라 여러 소모임 혹은 집회에서 함께 만났고 그 모임을 지속하였습니다. 그런 의미에서 믿는 사람들이 다 함께 모인 것입니다. 이처럼 그들의 모임이 지속될 수 있었던 것은 그 모임에 불신자들이 없었기 때문입니다. 또한 같은 신앙고백을 나누고 같은 신앙의 의식들을 행하였기 때문입니다. 이것이 에피 토 아우토(ἐπὶ τὸ αὐτὸ), 곧 함께 있다는 말씀의 의미입니다. 그들은 함께 교제하였고, 이로써 서로에 대한 그들의 사랑이 표현되었고 증가되었습니다.

44절의 '믿는 사람들'이란 일반 유대인들이 경험하지 못한 회개와 죄 사함의 세례, 그리고 성령의 역사하심을 체험함으로(38절 참고), 예수님이 메시아와 주가 되심을 믿는 사람들을 의미합니다. 그들은 모든 물건을 서로 통용하였습니다. 아마도 그들은 고대 스파르타인들처럼 친교와 절제와 자유로운 대화를 위해 공동의 식탁을 사용하였을 것입니다. 그들은 많이 가진 자가 적게 가진 자와 나누기 위해 함께 음식을 먹었습니다. 이로써 많이 가진 것으로 인한 유혹을 물리칠 수 있었습니다. 또한 적게 가진 자들도 많이 가진 자들과 함께 함으로써 빈곤과 가난으로 인한 갈등이나 유혹을 물리칠 수 있었습니다. 그들에게는 서로에 대한 관심이 있었으며, 기회 있는 대로 서로를 도우려고 애를 썼습니다. 그들은 형제우애의 법을 따라 모든 물건을 서로 통용하였습니다. 한 사람도 다른 사람의 것을 탐내지 않았습니다. 왜냐하면 원하기만 하면 그것을 가질 수가 있었기 때문입니다.

성령의 인도하심 가운데 펼쳐지는 초대 예루살렘 성도들의 삶은 사랑에 의한 자발적 자기 부인에 따른 자기 소유의 포기 내지 나눔으로 나타났습니다(44-45절). 이것은 인간의 영적 변화가 일상적 삶의 변화로 나타나야 되는 진리를 깨닫게 해줍니다. 46-47상반절은 성령에 이끌리는 이들의 일상생활이 공동체 안에서 얼마나 아름답게 나타나고 있는지를 보게 됩니다. 이들은 ① 날마다 한 마음으로 성전에 모이고, ② 집에서도 떡을 떼며, ③ 하나님을 찬양하고, ④ 주위의 모든 사람들로부터도 호감을 받으면서 기쁨과 순전한 마음으로 음식을 나누어 먹었습니다. 이들이 날마다 모인 성전은 이방인의 뜰 동편 끝에 있던 솔로몬의 행각(참고: 행 5:12, 20-21,42)으로 생각되는데, 주로 여기에 함께 모여 기도하며 구약 말씀을 나누었을 것입니다.

누가복음에 있는 식사 때의 일화들은 교제와 계시와 논쟁에 관한 것들입니다. 예수님께서는 식탁에서 함께하셨던 친구들 때문에 비난을 받으셨습니다. 그들은 "이 사람이 죄인을 영접하고 음식을 같이 먹는다"(눅 15:2)고 예수님을 나무랐습니다. 우리도 경험으로 알고 있듯이. 그분은 식탁에서 사람들을 적절하게 '구분'하시는 데 실패하셨습니다. 어디서나 사람들 사이의 사회적 신분의 구별은 식탁에서 가장 냉혹하게 나타납니다. 하지만 함께 먹는다는 것은 연합과 일치와 깊은 우정의 표시입니다. 또한 한때 그들에게 있었던 사회적 장벽이 무너졌다는 것을 눈으로 보여주는 표입니다.

예수님은 성만찬 때 '떡을 떼어' 제자들에게 나누어주셨습니다. 그것은 예수님의 몸을 희생으로 나누어주신다는 의미였습니다. 훌륭한 유대인의 관습에는 식탁에서 축사의 말씀이 있게 되면 그 식탁은 거룩한 처소가 되고 함께 먹는 것은 신성한 행위가 됩니다. 46절에서 그들이 기쁨과 순전한 마음으로 음식을 함께 먹은 것이 예수님이 마지막 만찬에서 하셨던 그 일처럼 메시아 강림 때의 풍성한 기쁨을 암시하는 것인지 우리는 알지 못합니다. 아마 초대교회가 함께했던 매번의 식사는 메시아적 연회를 기대하게 하는 경험이었을 것입니다. 그리고 예수님의 약속, 즉 자기를 따르는 자들이 "내 나라에 있어 내 상에서 먹고 마시며"(눅 22: 30)를 미리 맛보는 경험이었을 것입니다. 그들이 먹고 마시는 중에 부활의 공동체는 그 약속을 이미 부분적으로 성취하고 있었습니다. 그리고 머지않아 하나님의 나라에서 절정에 달하게 될 것을 즐기고 있었습니다. 옛 선지자의 초대는 그렇게 성취되고 있었습니다.

성령의 능력이 생생하게 개입함과 더불어 이런 공동체 생활에 대한 열광주의가 생겨났고, 동시에 땅이나 집과 재산을 소유한 성도들은 이 공동체 생활을 위한 재산으로 사용하도록 자기의 것을 내놓기 시작한 듯합니다. "성령의 나타남과 사도들의 가르침으로 인하여 공동체 안에 놀라운 변화가 일어나기 시작하였는데 그것은 교회 공동체의 사회적 활동의 변화로서 개인의 재산도 팔아 필요에 따라 나누어주는 한 운명의 공동체가 되었습니다"라고 묘사하고 있습니다.

오순절을 체험한 기쁨

서용원 교수는 "예수님은 성령으로 기쁨이 충만한 것을 나타냈다"라고 하였습니다(서용원, 《생존의 복음》, 80). 기쁨이 충만하다는 동사로 예수님의 느낌을 서술한 것입니다. 성령에 의한 기쁨은 그들을 교회 공동체로의 한 일원이 되게 했습니다.

토마스(W.H. Griffith Thomas)는 "성령의 하나 되게 하신 것(즉 성령 안에서의 일치)은 그리스도 안에서 경험한 생명과 사랑의 일치이다. 그것은 그리스도와의 연합으로부터 말미암은 것으로서 그리스도 안에서 성령으로 말미암아 이루어지는 살아있는 연합이다. 교회는 회중(Congregation)이지 집단(Aggregation)이 아니며, 그것은 그리스도를 중심으로 삼고 그리스도가 생명의 근원되는 사람들의 공동체이다"라고 하였습니다.

오순절 성령을 체험한 원시교회 공동체는 기쁨의 일치를 이루었을 뿐 아니라 그들은 "집에서 떡을 떼며 하나님께 찬미"하며 교회 공동체간 영적 친교를 발견하게 되는데, 은혜의 원동력이신 성령은 원시교회가 역동적으로 영적 활동을 하게 만드는 근원이 되었습니다. 그들은 오순절 성령의 충만을 받아 환희에 넘쳐 하나님을 찬미하고 지극히 상승된 사랑으로 평화로운 교회 공동체 생활을 영위하였으므로 모든 백성이 칭송하였고 또한 주께서 구원받는 사람을 날마다 더하게 하셨습니다.

사도행전 2장 42-47절에 기록된 활동들의 순서는 우리가 초대 주일예배의 형식을 상상할 수 있도록 구체적인 초기 예배의 순서는 제시되고 있지 않습니다. 오히려 누가는 이렇게 간추려 설명하는 형식을 즐겨 쓰고 있습니다(행 4:32-35, 5:12-16). 두 개의 자료를 하나로 연결하는 수단으로 그렇게 하고 있습니다(본문의 경우에는 베드로의 군중을 향한 연설과 성전 앞에서 했던 그의 연설을 하나로 묶습니다).

더욱 중요한 점은 2장 42-47절이 사도행전의 주요 관심사인 그 공동체 자체에 우리의 관심을 집중시킨다는 점입니다. 사도행전에는 인물들이 그 이야기 안에서 그들의 위치를 중요하게 차지하고 있습니다. 특히 베드로와 바울이 그렇게 하고 있습니다. 그렇다면 그들이 그 이야기의 논점일 것 같은데, 정작 베드로나 바울에 대해서는 상세히 설명되어 있지 않습니다. 누가는 사도들의 전기나 초기 성도들의 생애에 대해서는 거의 관심을 갖고 있지 않습니다. 사도행전의 주역은 어린 교회에 생기를 주고 끌고 나가시는 성령이십니다. 이러한 교회의 활동을 요약한 사도행전은 우리의 관심을 개별 행위자들에 두었던 우리의 선입견으로부터 그 이야기의 참된 관심사인 그 공동체에 집중하도록 하고 있습니다.

사도행전 2장의 역사적 사건이 벌어진 이후의 성도들과 교회들은 본질적으로 예외 없이 모두 다 '오순절의 성도'(a Pentecostal Christian)요 '오순절의 교회'(a Pentecostal Church)입니다. 말하자면 신약의 모든 성도와 교회는 오순절에 임한 성령의 인침으로 예수님을 주(主)로 고백하며 살아가는 자들입니다. '성령 중심의 목회와 신학'이 결코 '말씀 중심의 목회와 신학'을 배제할 수 없으며, 또한 역으로 말씀 중심의 목회와 신학이 '성령 중심의 목회와 신학'을 도외시할 수 있는 성격이 결코 아닌 것입니다. 나아가서 양자는 항상 '예수 중심'이요, '구원 중심의 목회와 신학'으로 나아가고 있는지를 온전히 검증할 필요가 있는 것입니다.

초대교회의 특징은 '신성한 출석'이었습니다. 그들은 날마다 성전 뜰에 함께 모여 함께 기도하고 나누어 주고 먹고 즐거워했습니다. 그들은 예수님의 임재를 연습했습니다. 지금도 이것은 그분의 백성을 위해 필요한 연습입니다. 누가는 '마음을 같이 하여'로 번역되는 헬라어 호모투마돈(ὁμοθυμαδὸν)을 1장 14절, 2장 46절, 4장 24절, 5장 12절에서 매우 잘 활용하고 있습니다. 그들의 증언은 손님들의 환대를 포함했습니다. 어느 집도 작은 숫자의 신자들조차 잠시 동안이라도 머무르게 할 만큼 충분히 크지 않았을 것입니다. 그래서 그들은 말 그대로 집집이 돌아다녔습니다. 누가는 우리가 그것이 얼마나 좋은 일이었는지 보기를 원합니다. 그들은 산헤드린이 아니라 도시의 온 백성으로부터 칭송을 받았습니다.

4부

사도행전의 권능과
세계선교

19

종말론적 사건으로서 성령의 임재와 권능의 사역

요한계시록과 같은 묵시문학에서 중심 요소가 되는 세계관은 그 문서를 산출했던 공동체에 의해 지지된 것입니다. 묵시문학적인 공동체의 구성원들은 이 세상이 악한 세력 안에 있다고 확신하며, 그러므로 서로 결속하여 장차 올 심판과 수난을 받아들여야 하며, 임박한 미래에 하나님이 보낸 대리인을 통해 변호 받을 것을 고대합니다.

다드(C. H. Dodd)는 상당히 광범위한 영향을 끼친 한 책에서 초기의 설교를 다음과 같은 주제들로 요약하였습니다. 먼저 다음 말씀들을 기초로 예언의 성취 시대가 동이 텄다고 하였습니다. "이는 곧 선지자 요엘을 통하여 말씀하신 것이니"(행 2:16). "그러나 하나님이 모든 선지자의 입을 통하여 자기의 그리스도께서 고난 받으실 일을 미리 알게 하신 것을 이와 같이 이루셨느니라"(행 3:18). "또한 사무엘 때부터 이어 말한 모든 선지자도 이 때를 가리켜 말하였느니라"(행 3:24).

이에 따라 첫째, 사도들은 메시아 시대가 동이 텄음을 선언하였습니다. 둘째, 이 일은 예수님의 사역과 죽음 그리고 부활을 통해서 이루어졌는데, 그에 대해서는 모든 것이 "하나님의 정하신 뜻과 미리 아신 대로"(행 2:23) 이루어졌다는 성경의 증거와 함께 간단한 설명이 주어집니다. 셋째, 예수님은 부활로 말미암아 새 이스라엘의 메시아적인 수반(首班)으로서 하나님 우편으로 올리심을 받았습니다(행 2:33-36, 3:13). 넷째, 교회 안의 성령은 그리스도의 현재적인 능력과 영광의 표적입니다. "하나님이 오른손으로 예수를 높이시매 그가 약속하신 성령을 아버지께 받아서 너희가 보고 듣는 이것을 부어 주셨느니라"(행 2:33). 다섯째, 메시아 시대는 그리스도의 재림으로 곧 그 완성에 이를 것입니다. "하나님이 영원 전부터 거룩한 선지자들의 입을 통하여 말씀하신 바 만물을 회복하실 때까지는 하늘이 마땅히 그를 받아 두리라"(행 3:21.) 마지막으로 여섯째, 케리그마는 항상 회개를 호소하고 죄 용서와 성령을 제시하며 구원을 약속함으로써, 즉 선택받은 공동체에 들어가는 자들에게 장차 올 세대의 생명을 약속함으로써 끝을 맺습니다. 구약의 예언적 증거가 구속 역사의 정한 시간에 성취되었음을 강하게 표현한 것입니다.

그런데 이날, 사도 베드로는 오랫동안 고대했던 마지막 날의 동이 텄으며, 사도들의 초자연적 예언자적 권능은 그날이 도래한 증거라는 사실을 온 회중 앞에 선포하였습니다.

‘이미’와 ‘아직’ 사이에서

종말론적인 하나님의 나라는 두 가지 양상, 즉 인자가 구름을 타고 오기 전에 신약 교회를 통하여 이미 부분적으로 실현된 ‘이미’(already)의 양상과 마침내 인자의 영광스러운 재림과 함께 세상 끝에 종국적으로 완성된다는 ‘아직’(not yet)의 두 양상을 가지고 있습니다.

‘하나님의 나라’는 공관복음에서 예수님의 중심 메시지이며, 또 예수님의 모든 가르침과 교훈과 비유의 핵심이며 본질이기도 합니다. 예수님은 “하나님의 나라가 임박했다”(막 1:15; 마 4:17)라는 선언으로부터 시작해서 그의 사역을 마칠 때까지 언제나 하나님의 나라에 초점이 맞춰져 있었으며, 그의 최후의 순간에도 그의 생각을 사로잡고 있는 주제였습니다(막 14:25; 마 26:29; 눅 22:18). 게다가 제자들을 파송할 때도 하나님의 나라를 선포하라고 명령하셨습니다.

그런데 종교사학자들은 기적의 의미를 부정하거나 축소하는 경향이 있습니다. 마가복음에서 예수님께서 마귀에게 시험을 받으신 후 공생애를 시작하시면서 행하신 첫 번째 설교의 주제가 "때가 찼고 하나님의 나라가 가까이 왔으니 회개하고 복음을 믿으라"(막 1:15)였습니다. 마태복음도 예수님께서 마귀에게 시험을 받으신 후, 스불론과 납달리 지경 해변에 있는 가버나움에서 공생애를 시작하시면서 외치신 첫 번째의 말씀이 "회개하라 천국이 가까웠느니라"(마 4:17)였습니다. 누가복음도 비록 예수님의 시험 기사 후 갈릴리 지역에서의 가르치심과 고향 나사렛 회당에서의 논쟁이 기록되어 있지만, 누가복음 4장 43절에 "내가 다른 동네에서도 하나님의 나라 복음을 전하여야 하리니 나는 이 일로 보내심을 입었노라"라고 하심으로써 하나님 나라의 복음이 그의 주요 메시지였음을 증언합니다. 이렇게 세 복음서는 모두 다 예수님의 첫 번째 설교의 중심 메시지가 '하나님의 나라'라고 일치합니다. 그러나 예수님이 기적을 행하고 병자를 치유하고 마귀를 내쫓았다는 것은 의심할 수 없습니다. 이 사역에서 막강한 하나님의 권능을 분명하게 인식할 수 있습니다.

기적 이야기들은 이 역사적인 사건들을 강화된 양식 안에서 재생산했습니다. 다드(C. H. Dodd)는 하나님의 나라가 예수님의 생애와 죽음과 부활의 사건들을 통해서 이미 온 것으로 여겨지며, 이러한 사실들을 올바른 배경 가운데 선포하는 것이 곧 하나님의 왕국의 복음을 설교하는 것이라고 하였습니다. 부루스(F. F.

Bruce)는 베드로가 요엘의 예언을 인용한 것은 그날들, 즉 성취의 날들이 도래하였다는 것을 선포한 것이라고 하며, 말세는 그리스도의 초림과 함께 시작되었으며 그의 재림과 함께 끝날 것인데, 그날들은 오는 세대가 현세대와 부닥치는 날이 될 것이라고 하였습니다. 또한 그는 다드의 '실현된 종말론'을 조건부로 수용하면서, 사도들이 하나님의 나라에 대한 복음을 선포할 때 그리스도의 부활과 존귀의 부분만을 말한 것이 아니라 일련의 구원론적이며 종말론적 사건들을 완결시키는 또 다른 사건까지 계속해서 설교했음을 말하고 있습니다.

예수님은 하나님의 구원사에서 '율법과 선지자들'의 시대가 세례 요한으로 끝나고, 자신의 사역과 더불어 새로운 시대, 곧 하나님 나라의 시대가 도래하여 하나님의 통치가 강력히 역사하고 있으며, 사람들이 그 통치영역으로 지금 들어가고 있음을 선언하였습니다(막 1:15). 예수님은 자신이 하나님의 힘으로(성령의 권능으로) 귀신을 쫓아내는 행위를 사탄의 세력을 꺾고 하나님의 통치가 구원의 힘으로 나타나는 것으로, 즉 하나님 나라가 임했음을 증명하는 것이라고 내세웠습니다. 예수님의 하나님 나라 선포 사역은 사탄을 꺾고 하나님의 주권을 세워 나가는 과정이었습니다. 그러기에 그가 병자들을 고치고 하나님 나라를 선포하도록 보낸 제자들의 사역에서도 예수님은 사탄이 왕좌에서 굴러 떨어지고 하나님 나라의 왕권이 확립되는 것을 보고 기뻐하였습니다.

예수님에게도 역시, 기적은 평상적인 사건이 아니라 신화적인 드라마였습니다. 그 안에서 하나님의 왕국으로 전체 세계의 기적적인 변형이 이루어졌습니다. 예수님은 귀신을 추방하면서 종말이 현재로 들어왔다고 선언합니다. 현재의 종말론과 기적의 종말론적 해석 사이에는 밀접한 연관이 있습니다. 마귀는 질병을 통해 사람들을 통치했습니다. 그런데 예수님은 치유 사역 및 축귀 사역을 통해 이 세상에 마귀의 통치를 종식시키고 하나님의 통치를 실현했습니다.

예수님의 권세

예수-공동체의 운동은 기존의 유대교로부터 상당 부분 사상적인 자양분을 공급받았습니다. 그러나 그것을 그대로 수용하지 않았습니다. 그 대표적인 것이 종말론입니다. 종말론은 단순히 사상적인 측면이 수용된 것이 아니라 종말론적인 윤리와 함께 수용되었습니다. 종말론적인 윤리의 부분에서 예수 공동체는 유대교의 다른 종파와 매우 다른 입장을 정리하였습니다. 그래서 예수운동은 종말론적 윤리를 보편적이며 원숙한 사랑의 윤리로 전개하였습니다.

가버나움의 회당의 더러운 귀신이 예수에게 "우리를 멸하러 왔나이까"(막 1:24)라고 말한 것은 예수님이 이 땅에 귀신들에 대한 궁극적이고도 종말론적인 멸망을 이루기 위해 오신 것을 보여줍니다. 가버나움 회당에서 예수님은 권위 있는 말로 귀신 들린 자를 치유하는데, 이는 예수님의 권세가 하나님의 권세와 동일함을 시사해줍니다.

하나님의 나라는 메시아의 오심과 함께 실현되었습니다. '하나님의 정하신 뜻과 미리 아신 대로'(행 2:23) 그의 죽음은 낡은 질서의 종말을 표시했고, 또 예언자들이 미리 말한 대로(행 2:16) 그의 부활과 승천은 분명히 새 시대의 개벽을 의미하였습니다. 이것은 하나님의 백성에게 성령을 부어줌으로써 나타난 특색입니다. 새 질서 가운데 남아 있는 유일한 일은 '살아 있는 자와 죽은 자를 심판'(행 10:42)하고, 장차 다가올 진노에서 자기 백성을 구원하기 위해 영광으로 임할 그리스도의 재림과 이에 따른 새 시대의 완성뿐이었습니다. 이 모든 일은 종말론적 의미를 가진 것으로 과거와 현재 그리고 미래에 이르는 연속성을 지니고 있으며, 또 이것은 하나님이 지시하시는 과정이라고 말합니다.

맥컬리(McCurley)에 따르면 예수님이 귀신들을 꾸짖는 행위는 구약의 전통 속에서 볼 때 혼돈의 세력을 제어하는 행위로서, 하나님만이 할 수 있는 행위입니다. 예수님이 히브리 성경에 나오는 혼돈의 세력들과 매우 닮은 혼돈의 세력들(즉 바다, 더러운 영들 사탄)을 제어하는 신적인 권위를 행사하는 것은 무엇보다 마가복음에서 나타납니다. 이러한 옛 적들을 꾸짖음으로써 예수님은 그 안에서 하나님의 통치가 밝아오고 있는 하나님의 아들로서 간주되는 것입니다. 피셔(Fisher)의 지적대로, 예수님께서 마치 여호와가 우주의 조화를 재창조하고 우주를 사탄으로부터 되찾는 것과 유사한 방식으로 행동하고 있는 것입니다. 그리고 예수님이 바다 위를 걸은 것(막 6:45-52)역시 구약에서 하나님만이 할 수 있는 일을 한 것으로서 예수님이 악의 세력을 제압하는 하나님이심을 보여줍니다.

또 다른 보편적 견해는 예수님의 부활 뒤에 있을 성령 강림과 함께 예수님은 자기가 재림할 것을 가리키고 있다는 것입니다. 그리스도의 재림은 그를 더욱 가난하게 만드실 것입니다. 왜냐하면 가치 있던 것이 없어져버릴 것이기 때문입니다. 그러나 만일 어떤 사람이 보물을 하늘에 쌓아두었을 뿐만 아니라 '위의 것들'을 추구한다면 그리스도의 오심은 도적이 오는 것으로 비교될 수 없게 됩니다. 그의 재림은 그 사람으로 하여금 전보다 더 부요하게 만들기 때문입니다. 그러므로 도적의 비유는 그리스도의 재림(parousia)의 때의 불확실성을 강조하고 있으며, 주님의 재림을 대비한 계속적이며 끊임없는 영적 준비를 요청합니다.

우리는 이미 세상 끝날의 능력과 기쁨과 특권을 맛보고 있습니다. 성령의 첫 열매를 이미 맛본 우리는 우리를 위해 예비된 것을 향유하기 위하여 그만큼 더 간절히 소망해야 합니다. 그러므로 '시작된 종말론'과 '미래의 종말론'은 신자들의 의식 속에 서로 밀접하게 놓여 있습니다. 시작된 종말이 미래의 종말을 보증할 뿐만 아니라, 시작된 종말이 이미 왔기 때문에 미래적 종말 역시 신자들의 기대 속에 항상 가까이 존재하고 있는 것입니다.

복음서들에서 하나님 나라가 미래에 오리라는 것보다 더 많이 증거된 것은 하나님 나라가 예수님의 사역을 통하여 현재 여기서 실재가 되고 있다는 것입니다. 즉, 가버나움 회당에서 귀신들이 예수님께서 자신들을 멸하기 위해서 왔다고 말한 데서 나타났듯이, 예수님은 악의 세력을 멸망시키기 위하여 왔습니다. 반대로 악의 세력을 상징하는 바다와 광풍은 예수와 그의 제자들을 죽이려고 위협하고 있는 것입니다. 이것은 예수님의 자연적인 귀신축출처럼 우주적 투쟁에서 이해되어야 함을 시사합니다. 또한 예수님이 귀신을 꾸짖은 것처럼(막 1:25, 3:12, 9:25) 동일하게 바람을 꾸짖고 있습니다(막 4:39).

이와 같이 예수님의 이적들은 '하나님의 다스림'이라는 '지금 벌써'(now already) 나타나기 시작한 구원의 표징들입니다. 예수님의 이적들은 이 하나님의 다스림이 가지는 육체적이며 현세적인 차원을 표현합니다. 하나님의 다스림이 종말론적인 그 무엇, 즉 미래를 지시하는 그 무엇인 것과 마찬가지로, 예수님의 이적들도 그렇습니다. 그것들은 새로운 창조의 전조요 여명입니다. 그것들은 그리스도 안에서 개시된 미래의 선취(先取)라고 할 수 있습니다.

그러므로 예수님의 귀신을 쫓아냄과 병 고침은 하나님 나라의 구원의 능력의 시위이며, 악과 고난으로 다스리는 사탄의 나라에 있는 사람들을 해방하여 의와 사랑과 생명으로 통치하는 하나님 나라로의 이전을 의미하는 것입니다. 이것은 예수님이 선포한 '하나님 나라'에 대한 주제이며 그것의 실제화였습니다.

종말시대에 기다려주시는 주님의 은혜

유대전쟁(주후 66-70년)으로 인하여 베스파시안 황제의 특명을 받은 아들 티투스는 예루살렘 성전을 포위하여 성 안에 있는 사람들이 굶어 죽게 만들었습니다. 또한 성전이 완전히 파괴되는 상황에서 또 한 번의 죽음의 상황을 경험한 사람들은 간절히 주의 재림을 고대하게 되었고 그들에게 필요한 종말론적 메시지를 원하게 되었습니다.

그들은 이 세상의 종말을 기대했습니다. 왜냐하면 우리가 오늘도 아는 바와 같이, 그들이 사는 이 세상은 무언가 잘못되어 있기 때문입니다. 하나님께서 선하게 만드셨고, 선하다고 선언하셨던 것이 병들었고 귀신에 사로잡히게 되었으며 사탄의 지배를 받게 되었습니다. 이 세상이 타락했고 악했기 때문입니다. 그분이 자신의 사역 전체를 귀신을 쫓아내고 병을 치유하고 동시에 하나님의 나라를 선언하는 일로 일관했던 것도 바로 이러한 이유에서였습니다.

하나님은 마치 자신의 약속을 잊어버린 것처럼 그리스도의 재림을 늦추고 계신 것이 아니라, 매우 사려 깊게 죄인들을 향한 그의 사랑과 긍휼과 용서를 좀 더 잘 나타내시려고 기다리고 계시는 것입니다. 고린도전서 13장 4절의 '오래 참고'에 사용되고 있는 헬라어 '마크로쒸메이'(μακροθυμει)는 '인내심을 갖는다, 오래 참는다'는 뜻을 갖습니다. 주님은 오래 참고 계십니다. 그리스도는 재림을 늦춤으로써 회개와 개종의 여지를 남겨두셨고, 이는 어떠한 자라도 멸망케 되기를 원치 않으시기 때문입니다. 그러므로 우리가 그리스도의 재림의 '지연'에 대해 말하는 것 대신 하나님의 사랑이 재현되는 것에 대해 감사해야 하며, 아직도 복음을 듣지 못한 자들에게 복음을 전하는 데 더욱 더 열심을 내야 할 것입니다.

20

세계선교를 주도한
권능의 사역을 계승하라

누가는 공동체의 선교 역할을 강조하면서 성령이 선교의 주체가 되고 있음을 지속적으로 강조하고 있습니다. 선교는 신약성경에서 가장 눈에 띄는 중차대한 사상입니다. 기독교의 역사는 선교의 역사라고 해도 과언이 아닙니다. 그래서 선교에 대한 책임은 여전히 막중합니다. 그런데 기독교의 선교는 삼위일체 하나님의 선교이며 이는 그리스도께서 이 땅에 오심으로써 시작된 것입니다. 복음서에서는 하나님께서 그리스도를 통해 성육하신 사건을 다루고 있고 사도행전에서는 성령께서 교회를 통해 성육하신 것을 다루고 있습니다.

앞에서 설명드린 것처럼, 사도행전은 누가의 두 번째 책으로 누가복음과 분리하여 생각해서는 안 될 연속물입니다. 누가는 사도행전의 내용을 그리스도의 계속적인 사역으로 이해했고 계속될 예수님의 사역은 성령으로 이루어질 것을 명백히 합니다. 이것은 예수님이 행하시고 가르치기를 시작하신 일을 지금도 행하시고 계신다는 것이고, 또 선교 명령(눅 24:46-49, 행 1:8)에서 요약되어 있는 예수님의 부활 이후의 사역이 '성령으로'(through the Holy Spirit) 수행되는 사역으로서 이해되어야 한다는 것입니다. 그리하여 두 번째 글인 사도행전은 '부활하신 그리스도의 행전' 혹은 부활하신 그리스도께서 교회 안에서 그의 성령을 통하여 행하시기 때문에 '성령의 행전'이라고 불리는 것은 적절한 것으로 볼 수 있습니다.

한마음을 요청한 이유

사도행전에서는 특이하게도 '한마음으로'라는 단어가 10번에 걸쳐 반복 사용됩니다. 누가가 이 단어를 자주 사용한 것을 제가 언급하는 것은 단순히 누가의 단어 선택 취향을 말하고자 함이 아닙니다. 대신, 누가가 이런 단어를 왜 쓰게 되었는가에 대한 동기를 소개하고자 합니다.

우리는 이 단어를 통해서, '한마음'이라는 단어의 뜻과 달리 그 공동체가 갈등과 다툼 가운데 있었으며, 누가가 이러한 상황의 개선에 대한 바람으로 '한마음'을 거듭 사용할 수밖에 없었을 것이라는 추론을 전개할 수 있습니다. 이러한 추론이 타당한 것은 우선 사도행전 공동체를 구성하고 있었던 구성원들의 성격에서 찾아볼 수 있을 것입니다. 초대교회 공동체 안에서 서로간의 갈등으로 인해 '한마음'을 요청할 수밖에 없었던 이유는 아마도 당시 교회 안에 유대인 출신과 이방인 출신이 섞여 있었고 그 사이에서 갈등이 비롯되었을 가능성이 높습니다.

이와 같은 이유로 인해 유대인과 이방인에 대한 선교의 문제가 누가의 신학 사상 전체의 특성을 결정하는 가장 깊은 주제 중 하나로 주목받고 있습니다.

유대인들의 배타성은 다른 민족들의 적개심을 불러일으키기도 했습니다. 이들을 이렇게 배타적으로 만들었던 몇 가지의 요인들이 있었는데, 첫째, '하나님 신앙'(the belief in God)입니다. 둘째, 이방인들에게 특별한 인상을 준 또 다른 공통성은 '안식일'이었습니다. 셋째, '깨끗한 것과 더러운 것'과 관련된 것입니다. 넷째, '불결한 것들'에 대한 규례들 즉, 정결규례입니다.

또한 초기 기독교가 직면한 문제는 초기 기독교를 유대화하고자 하는 유대교의 위협의 상황에서 비롯되었을 수 있습니다. 당시 유대교는 그리스도인들과 충돌했습니다. 이러한 흔적은 신약성경의 여러 곳에서 발견될 뿐 아니라 역사적 상황 안에서도 살펴볼 수 있습니다. 유대교와 기독교는 출발부터 갈등 관계에 있었습니다. 이 둘 사이의 갈등과 긴장 그리고 위기는 초기 기독교의 인물들과의 관련성을 통해서 드러납니다. 예수님이 그렇고, 베드로가 그러하며 바울의 사역에서 그 정도가 극에 달합니다.

예수님과 사도들의 권능 사역을 계승하라

누가는 사도행전에서 성령의 역사를 다양한 이미지들을 사용하여 매우 강하고도 직접적으로 묘사합니다. 부활하신 주님의 역사하심을 고대하던 예수님의 제자들은 오순절 아침 놀라운 성령의 강림을 체험하게 됩니다. 성령 강림사건은 곧 초대교회의 탄생을 의미합니다. 예수님께서 성령의 세례를 받고 공생애 활동을 시작한 것처럼 예수 제자 공동체는 성령의 세례를 받고 최초의 '기독교 신앙공동체'로 새로 태어나게 됩니다. 이후의 모든 사도들의 활동은 예수 공동체에 찾아오신 성령의 역사와 활동으로 나타납니다.

사도행전은 초대공동체의 선교적 사명과 역할을 매우 분명하게 명시하고 있는데, 사도행전 1장 8절은 이 점을 분명하게 보여주고 있습니다. 따라서 초대공동체의 선교적 역할과 사명을 강조하고 있는 마샬(Marshall)은 사도행전 1장 8절을 토대로 사도행전의 구조를 예루살렘에서의 증인사역(행 1:8-5:42), 유대와 사마리아에서의 증인사역(행 6:1-11:18), 땅끝까지의 증인사역(행 11:19-28:31)으로 구분하고 있습니다.

서중석은 "누가는 누가공동체의 가장 중요한 역할 중 하나를 선교적 역할로 규명하고 제시한다"라고 보면서 "누가가 의도한 누가공동체 구성원들의 '자기 이해'는 바로 이러한 선교적 역할을 통해 형성되고 강화되었다"라고 봅니다.

박해는 복음을 다메섹으로 퍼뜨렸으며, 사도행전 9장에서 가장 중요한 인물인 사울을 준비시킵니다. 이 교회의 박해자는 '그 도를 따르는 사람들'(행 9:2)이 다메섹으로 도망갔다고 믿었습니다. 사울은 그들을 체포하러 갔으나, 교회의 박해자가 복음의 선교자가 되었습니다. 그의 극적이고 예상치 못한 회심은 고난의 주제에 하나의 역설을 더합니다. 하나님께서는 교회를 핍박했던 자를 눈이 멀게 하고 수치를 당하게 하며, 그로 하여금 그 도를 따르는 사람이 되게 하십니다(행 9:3-9). 또한 "그가 내 이름을 위하여 얼마나 고난을 받아야 할 것을 내가 그에게 보이리라"(행 9:16)라는 말이 덧붙여집니다.

바울의 선교는 고난의 선교라고 요약할 수 있으며, 후에 본문은 이 평가를 지지해줍니다(참고, 행 20:22-24, 21:7-14). 이와 같이 바울의 활동은 처음부터 고난의 빛에서 주조(鑄造)됩니다. 고난이 그의 사역의 특징이며, 그 정당성을 입증해줍니다. 또한 그의 첫 번째 설교는 생명을 위협하는 반대에 부딪치게 됩니다(행

9:19-30). 9장 31절의 누가의 요약에는 주의를 기울일 필요가 있습니다.

첫째, 1-9장에 갈릴리가 언급되지 않았음에도 저자는 그곳을 복음의 본거지로 주장합니다. 롱에넥커(Longenecker)는 "누가가 유대, 갈릴리, 사마리아를 언급한 것은 아마도 팔레스타인의 모든 유대 지역이 복음화 되었음을 의미"하는 것으로 생각했습니다.

둘째, 이러한 중간 휴식은 사도행전에서 아주 드문 것입니다.

셋째, 복음은 박해에도 불구하고, 또는 박해 때문에 확산됩니다. 어떤 것도 복음을 멈추게 하지 못합니다. 그러나 그 확산은 여전히 고통과 상실을 동반하고 그 원인이 되기도 합니다.

마틸(Matill)은 그들이 제자라고 말하는 것은 그들의 '선생', 즉 예수와 같이 고난을 겪어야 함을 말하는 것이라고 덧붙입니다. "누가에게 그 말씀(눅 6:40)은 스데반, 야고보, 베드로, 바울과 같이 자신의 경험, 특히 고난과 박해를 통해 온전해진 제자들이 예수와 같이 될 것을, 그의 스승을 본받는 것을 의미합니다."

예루살렘 교회의 모습은 구속사의 경륜 속에서 오순절 성령 강림 사건을 예루살렘에서 일어나게 한 의도와는 차이가 있었습니다. 그래서 누가의 구속사적 편집은 이러한 초기 교회를 예루살렘에서, 유대와 사마리아라는 선교의 제2단계의 방향으로 이끌어내는데, 그것이 바로 스데반의 순교입니다. 스데반의 순교는 처음에는 초기 교인들에게 설명할 수 없는 의문이었습니다. 그러나 몇 년 뒤에 보았을 때, 그 핍박은 하나님의 교회를 확장시키는 하나님의 주권적인 계획의 주요한 사건으로 드러났습니다. 스데반의 순교를 계기로 예루살렘에 있는 그리스도인들에 대한 대대적인 핍박이 찾아와 초대 기독교인들이 원근 각지로 흩어졌던 것입니다. 그러나 흩어진 이들은 흩어진 곳에서 열심히 복음을 전하였는데(행 8:4), 이는 세계선교의 첫 걸음이 되었습니다. 비록 스데반의 죽음을 계기로 해서 핍박의 기운이 감돌기 시작했으나, 이로 인해 기독교 복음은 더욱 힘차게 예루살렘 밖으로 나갈 수 있었습니다. 스데반의 순교를 통해 예루살렘 교회는 순교자적 자세를 고취하게 되고, 더욱 열정을 다해 복음에 순종하는 제사장적 활동을 펼쳐나가게 되었습니다.

스티븐 윌슨(Stephen Wilson)은 사도행전에 나타나는 이방 선교에 대해 몇 가지 주제를 소개합니다.

첫째, 유대교로부터 배교한 그리스도인은 불법적인 곁가지가 아니라 예루살렘으로부터 시작되었으며 사도들과 밀접하게 연관되었다는 것을 보여주고자 했습니다(10-11,15장).

둘째, 교회의 선교가 이방인들에게까지 확장된 것은 성령께서 인도하심과 격려에 따라 이루어진 것입니다(10:44, 11:15, 15:18). 또한 이런 과정 속에서 하나님께서 하신 일임을 보증하는 이적 표적이 동반되었습니다(행 10:46, 15:12).

셋째, 이방 선교는 '초기 기독교의 지혜로운 생각'이 아니라 예수님의 말씀과 사역에 그 기원을 둡니다(눅 7:1-10, 24:47; 행 1:8, 9:15, 22:21, 26:17)

넷째, 선교는 성경에 예언되어 있습니다.(눅 3:6; 행 2:17, 3:25, 13:47, 15:17)

다섯째, 이방인 선교는 하나님이 편벽되지 않으신다는 개념에서 신학적 정당성을 둡니다(행 14:15-17, 17:22-31).

윌슨은 이런 주제들이 체계적 혹은 일관된 것은 아니지만, 이방인 선교에 대한 근본적인 동기부여가 유대인들이 복음을 거부했다는 단순한 이유에서 비롯된 것이 아니라 하나님으로부터 비롯되었음을 나타내는 것에 초점을 맞추고자 했습니다.

초대교회가 선교적 교회였던 것은 의심의 여지가 없습니다. 즉, 당시 기독교인들은 극소수에 불과했기 때문에 선교와 교회를 분리하지도 않았고 또 그럴 필요도 없었습니다. 말하자면 교회가 바로 선교였습니다.

그리스도인들의 흩어짐은 교회 선교에 있어서 가장 중요한 단계로 이끌었습니다. 1장 8절의 명령을 그들로 하여금 성취하도록 하기 위하여 박해가 필요했다고 말할 수 있습니다. 성령은 사도들이 전하는 예수님의 은혜의 말씀을 표적과 기사로 확인하셨습니다. 표적과 기사를 통하여 주님은 모든 사람들 앞에서 자기의 능력을 공개적으로 나타내셨고, 사도들 역시 성령께서 표적과 기사를 나타내심으로 자기들이 전하는 복음이 무시를 당하지 않게 해주셨을 때 큰 확신을 얻게 되었습니다.

표적과 기사는 하나님의 능력과 은혜를 우리에게 보여주는 것입니다. 사도들의 가르침을 통하여 사람들이 순수하게 하나님을 섬기게 되도록 표적과 기사는 복음을 확실하게 증명해주는 것입니다. 그러므로 표적과 기사는 성령에 의해 복음을 충분히 그리고 순전히 권위 있게 해주는 것 외에 다른 목적을 갖고 있지 않다는 원칙을 중요시해야 합니다.

브라우가 말한 대로 "세상에 보내어진 교회 외에는 다른 교회가 없으며 그리스도의 교회의 선교 이외의 다른 선교란 없습니다." 사도들의 케리그마에서 보는 것처럼 신약교회의 형성은 바로 하나님이 보내주시는 성령의 힘에 의해 가능했습니다. 그러므로 제자들이 그 처음 교회에 모인 것도 예수님이 행했던 지상의 사역을 예수님이 승천한 후에 계속해서 수행하게 되는 예수 사역의 연속적 계승인 것입니다.

바울의 생애가 예루살렘을 통과해야만 하는 '길'임을 뜻하려는 의도가 있었고, 그 '달려갈 길'(행 20:24)은 성령의 주도로 이끌려지고 있음을 아울러 지시하려는 것이었습니다.

권능 받지 않으면 위기의 시대를 견딜 수 없다 승리하려면 성령충만해야 한다

지금까지 사도행전에 나타난 권능에 대한 연구를 통하여 예수와 제자들의 권능신학을 밝혔습니다. 권능 사역은 더욱 중요한 복음을 담고 있습니다. 예수님께서는 승천하시면서 유언과 같은 명령을 제자들에게 하셨습니다.

"오직 성령이 너희에게 임하시면 너희가 권능을 받고 예루살렘과 온 유대와 사마리아와 땅 끝까지 이르러 내 증인이 되리라"(행 1:8).

이것은 우리가 꼭 순종해야 하는 절대적 명령입니다. 사도행전 저자는 오순절 사건을 통해 초대공동체의 세계선교 사명을 새롭게 확인시키는 역할을 제시하고 있습니다. 초대공동체 구성원들은 죽음과 핍박을 두려워하지 않고 그리스도의 복음을 선포합니다. 권능 받은 그들은 복음 선포의 활동을 수행하게 하는 원초적인 힘이 되었습니다. 누가 당시의 교회가 다양한 난관에 직면함에도 불구하고 계속적으로 선교를 수행했음을 누가는 그의 저술을 통해 보여주고 있습니다.

여기서 우리가 주목해야 할 점은 교회 공동체의 선교와 관련해서 가장 중요한 것이 성령의 역할이었다는 점입니다. 성령은 그의 백성들에게 동기 부여를 해주시되 시간과 장소, 영적 문화적 장벽을 뛰어 넘어, 내적인 차원뿐만 아니라 외부적인 측면에서도 그의 능력으로 넘치게 채워주신다는 것입니다. 성령의 강림으로 말미암아 초대교회는 무덤에서 부활하신 그리스도를 증거하는 증인의 사명을 감당할 수 있었습니다.

중요한 것은 교회 공동체의 태도입니다. 분명 사도들은 천상에 근거를 둔 신앙적 신호, 즉 권능을 통해 교회공동체의 신앙적인 방향을 제시했고, 또한 신앙적 정체성을 확립했습니다. 하지만 이러한 과정은 이들이 본 권능을 어떻게 이해하고 어떻게 받아들였느냐의 가치가 덧붙여질 때 비로소 진정한 의미를 지니게 됩니다.

사도행전의 저자는 사도들이 오순절 마가의 다락방 성령 강림사건을 통하여 예수님의 부활과 승천 후에 공동체의 리더로서 위임받게 된 사도권의 근거를 개인의 능력과 경험에 둔 것이 아니라 성령에 둔 것이었음을 알 수 있습니다. 사도행전은 계속되는 사마리아 및 유대 전도를 기록하였는데, 성령께서 이 과정을 주도하셨음을 보여줍니다.

하나님께서는 예수님의 예언적 선교 명령(행 1:8)을 통해 복음이 예루살렘과 유대를 넘어 땅끝까지 증거되기를 원하셨습니다. 예수님이 십자가를 지고 부활한 이전과 이후, 치유와 축귀 사역이 제자들에게 위임되고 전승이 되었습니다. 예수님은 치유 받은 자들을 하나님의 백성이라 부르고 종말론적으로 소집하여 하나의 새로운 공동체를 만들었습니다.

누가는 사도행전에서 복음이 어떻게 세상에 전파되었는가에 대해 말하고 있습니다. 그는 성령이 어떻게 결정적인 순간마다 사도들의 마음과 행동을 주장했는지에 대해 기록하고 있습니다. 누가는 성령이 선교 사역에서 거의 독재권을 행사하여 사도들의 마음을 감화감동시킨 사건에 대하여 주로 다루고 있습니다. 예수님은 부활하시고 승천하시면서 제자들에게 약속하신 성령을 보내셨습니다. 유대인들은 예수님을 십자가에 못 박아 죽였으나 죽음이 그의 능력을 소멸시킬 수 없었고, 오히려 하나님이 그의 권능으로 예수님을 살리시고 위엄과 권세의 보좌 우편에 앉게 하시고 임금과 군주로 삼으셨습니다.

사도행전의 제자는 오순절 사건을 통하여 초대교회의 공동체 안팎으로 갈등과 어려움을 극복하고, 예수님의 승천 이후 새로운 선교 열정과 복음을 전하는 영적 권위자로서 성령을 이야기하고 있습니다. 또한 오순절 성령 강림 사건을 중심으로 공동체 내부의 새로운 영적 지도자와 리더십의 조건이 성령으로 충만한 자들임을 강조하고 있습니다. 누가복음에서 가장 중요한 인물인 예수와, 사도행전에서 예수님의 제자인 베드로 사이에는 유사성과 일치성이 잘 드러나고 있는데, 이것은 예수님의 제자가 예수님을 얼마나 잘 본받고 있는지를 보여주고 있습니다.

신약성경에 등장하는 권능의 삶의 자리는 '위기상황'이며, 개인 혹은 공동체의 '생존'을 고민해야 하는 절망과 죽음의 자리였습니다. 서용원은 그의 평생의 신학적 열매인 '생존의 수사학'을 소개하면서, 이것이 위기 상황에 처한 초대교회에게 주는 희망의 메시지이며, '절망과 죽음을 넘어서는 새 하늘과 새 땅의 메타포'라고 정의합니다. 그리고 생존은 일차적으로 생명을 유지하려는 몸부림이며, 혹은 공동체 유지를 위한 현실의 수용과 변형으로서 의미를 지닌다고 주장합니다.

권능을 받은 초대 공동체는 선교적 역할과 새로운 영적 권위자로서 활동하고 있음을 알 수 있고, 오늘날 모든 성도들이 예수님을 증언하는 증인으로서의 사명을 받았기에 성령의 충만을 받아 땅끝까지 복음을 전하는 선교적 사명을 감당해야 할 것입니다.

사도들은 어떤 이론의 타당성 때문이 아닌 성령의 영적 충만에 의해서 지배받고 행동하였습니다. 초대교회 공동체가 받은 성령의 권능은 교회의 힘의 원천입니다.

이 책을 쓰는 과정을 통해서 필자는 인생에 새로운 이정표를 맞이하게 되었습니다. 초대교회의 성령 충만이 사도의 참 모습이요 진정한 교회였다는 사실을 깨달았으며, 현시대의 목회자와 성도에게는 물론 앞으로 교회가 나아갈 길은 성령과 함께하는 권능 받은 신앙생활과 사역이라는 것을 본 연구를 통하여 뼛속 깊게 알게 되었습니다. 그것이 말할 수 없는 감사와 행복임을 밝힙니다. 필자 또한 이렇게 살기를 서원했습니다.

민족과 세계 복음화를 위한 그리스도의 유언적 말씀과 우리에게 주어진 사명을 감당하기 위해서는 오순절에 마가의 다락방에 임했던 성령세례의 충만함이 현시대에 우리에게도 꼭 필요합니다. 또한 그것이 절대적이라는 사실은 분명합니다.

Abright, W. F. and Mann, C. S. Matthew, AB. Garden City: Doubleday, 1986.

Achtemeier, P. J. Mark (Philadelphia: Fortress Press, 1982)

Albertz, R. & Westermann, C.: in E. Jenni, Theologisches Handworterbuchzum Alten Testament, Band II Munchen: Chr. Kaiser Verlag, 1976.

Alexander, L. A. C. Luke-Acts in its Contemporary Setting with Special Reference to the Prefaces (Ph. D. Thesis, Oxford University Press, 1977)

Anderson, B. W. Understanding the Old Testament Ⅲ:《구약성 서이해 Ⅲ》이성배 역, 서울: 성바오로출판사, 1984.

Barcley, W.《마태복음 상》박근용 역, 서울: 기독교문사, 2003.

_____.《예수님의 사상과 생애》정용섭 • 김성환 역, 서울: 성광문화사, 1992.

Barth, K. The Epistle to Romans. London: Oxford University, 1933.

Barrett, C. K. Luke the Historian in Recent Study. London: Epworth, 1961.

Bas, M. F. Mark: A Reader-Response Commentary. JSNT Supplement Series, vol. 161. Sheffield: Sheffield Academic Press, 1988.

Bauckhan, R. The Gospel for All Christian- Rethinking the Gospel Audience. Michigan: William B. Eerdmans Publishing Company, 1998.

Bavinck, J. H.《선교학개론》천호진 역, 서울: 성광문화사, 1984.

Berkhof, L. The Kingdom of God. Grand Rapids: Eerdmans, 1951

Betz, H. D. Galatians, A Commentary on Paul,s Letter to the Churches in Galatia. Philadelphia: Fortress, 1979.

Black, M. An Aramaic Approach to the Gospel and Acts. Oxford, 1973.

Blackburn, B. L. "The Miracles of Jesus." B. Chilton and C. A. Evans ed. Studing the Historical Jesus.(Leiden: E. J. Brill. 1994)

Blomberg, C. L. Matthew: The New American Commentary. Nashville: Broadman Press, 1992.

Blue, Ken.《신유의 비결》나겸일 역, 서울: 도서출판 바울서신, 1999.

Blumhardt, J. C.《하나님 나라의 증인 -블룸하르트 부자- 기다리며 서두르며》전호진 역, 서울:

설우사, 1991.

Borg, M. Jesus in Contemporary Scholarship. Valley Forge, Penn.;Trinity Press International, 1994.

Bornkamm, G. "The Authority to Bind and Loose in the Church in Matthew's Gospel." The Interpretation of Matthew, ed., Graham Stanton. Philadelphia: Fortress Press, 1983.

Bright, J. The Kingdom of God;《하나님 나라》박일영 역, 서울: 컨콜디아사, 2003.

Broadus, J. A. Knight's Master Book of New Illustration. Grand Rapids: Eerdmans, 1956.

Brown, F. Driver, S. R. and C. A. Briggs, eds., A Hebrew and English Lexicon of the Old Testament. London: Oxford University, 1907.

Brown, R.《신약개론》김근수 역, 서울: 기독교문서선교회, 2003.

Bruce, F. F. "Paul's Apologetic and the Purpose of Acts." Bulletin of the John Rylands University Library 69 (1987)

_____. The Acts of the Apostles: The Greek Text with Introductian and Commentary. Grand Rapids: Eerdmans, 1957.

_____. The Book of the Acts. Grand Rapids: Wm. B. Eerdmans, 1984.

Bruce, J. Malina and Richard L. Bohrbaugh, Social-Science Cmmentary on the Synoptic Gospels. Philadelphia: Fortress, 1992.

Bultmann, R. Theology of New Testament. New York: Scribner, 1951.

Calvin, J. Harmony of the Evangelists' trans. W. Pringle. Grand Rapids: Eerdmans, 1957.

Carlston, C. E. The Parables of the Triple Tradition. Philadelphia: Fortress Press, 1975.

Carson, D. A. The Sermon on the Mount. Carlsle: Pateronster Press, 1978.

Cohen, S. J. D. From the Maccabees to the Mishnah. Philadelphia: Westminster Press, 1989.

Collins, J. J "The Kingdom of God in the Apocrypha and Pseudepirapha." W. Willis, ed., The Kingdom of God in 20th-Century Interpretation. Massachusetts: Hendrickson, 1984.

Conflict, Marcus. Holiness and Politic in the Teaching of Jesus. New York: Edwin Mullen Press, 1984.

Conzelmann, H.《신약 성서신학》김철손, 박장환, 안병무 공역, 서울: 한국신학연구소, 1982.

_____.《초대기독교역사》박창건 역, 서울: 성광문화사, 1994.

_____. The Theology of St. Luke. Philadelphia: Fortress, 1961, 1982.

Crossan, J. D. In parables. New York: Harper & Row, 1973.

Cullmann, Oscar. Christ and Time: The Primitive Christian Concept of Time and History,

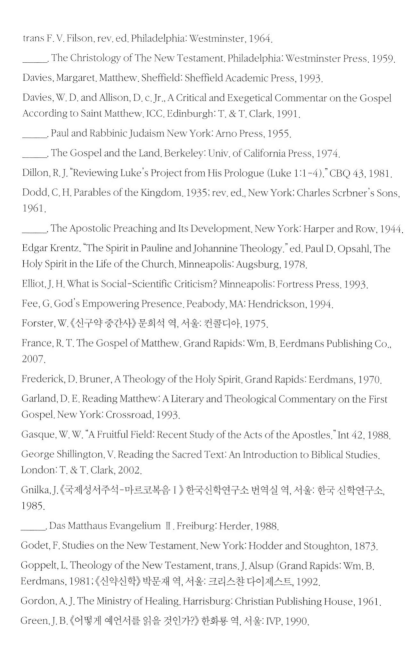

trans F. V. Filson, rev. ed. Philadelphia: Westminster, 1964.

_____. The Christology of The New Testament. Philadelphia: Westminster Press. 1959.

Davies, Margaret. Matthew. Sheffield: Sheffield Academic Press, 1993.

Davies, W. D. and Allison, D. c. Jr., A Critical and Exegetical Commentar on the Gospel According to Saint Matthew. ICC. Edinburgh: T. & T. Clark, 1991.

_____. Paul and Rabbinic Judaism New York: Arno Press, 1955.

_____. The Gospel and the Land. Berkeley: Univ. of California Press, 1974.

Dillon, R. J. "Reviewing Luke's Project from His Prologue (Luke 1:1-4)." CBQ 43, 1981.

Dodd, C. H. Parables of the Kingdom. 1935; rev. ed., New York: Charles Scrbner's Sons, 1961.

_____. The Apostolic Preaching and Its Development. New York: Harper and Row, 1944.

Edgar Krentz. "The Spirit in Pauline and Johannine Theology." ed. Paul D. Opsahl, The Holy Spirit in the Life of the Church. Minneapolis: Augsburg, 1978.

Elliot, J. H. What is Social-Scientific Criticism? Minneapolis: Fortress Press. 1993.

Fee, G. God's Empowering Presence. Peabody, MA: Hendrickson, 1994.

Forster, W.《신구약 중간사》문희석 역, 서울: 컨콜디아, 1975.

France, R. T. The Gospel of Matthew. Grand Rapids: Wm. B. Eerdmans Publishing Co., 2007.

Frederick, D. Bruner, A Theology of the Holy Spirit. Grand Rapids: Eerdmans, 1970.

Garland, D. E. Reading Matthew: A Literary and Theological Commentary on the First Gospel. New York: Crossroad, 1993.

Gasque, W. W. "A Fruitful Field: Recent Study of the Acts of the Apostles." Int 42, 1988.

George Shillington, V. Reading the Sacred Text: An Introduction to Biblical Studies. London: T. & T. Clark, 2002.

Gnilka, J.《국제성서주석-마르코복음 I》한국신학연구소 번역실 역, 서울: 한국 신학연구소, 1985.

_____. Das Matthaus Evangelium II. Freiburg: Herder, 1988.

Godet, F. Studies on the New Testament. New York: Hodder and Stoughton, 1873.

Goppelt, L. Theology of the New Testament, trans. J. Alsup (Grand Rapids: Wm. B. Eerdmans, 1981;《신약신학》박문재 역, 서울: 크리스챤 다이제스트, 1992.

Gordon, A. J. The Ministry of Healing. Harrisburg: Christian Publishing House, 1961.

Green, J. B.《어떻게 예언서를 읽을 것인가?》한화룡 역, 서울: IVP, 1990.

Green, J. B. & Mcknight, Scott. Dictionary of Jesus and the Gospel. IL: InterVarsity Press, 1992;《예수 복음서 사전》요단출판사번역위원회, 서울: 요단출판사, 2003.

Guelich, R. Word Biblical Commentary Mark 1:1-8:26. 김철 옮김, 서울: 솔로몬, 2006.

Gundry, R. H. Matthew: A Commentary on His Literary and Theological Art. Grand Rapids: Wm. B. Eerdmans Publishing Co., 1982.

Guthrie Donald. New Testament Introduction. London: InterVarsity Press, 1990.

Haenchen, D. E.《성서대백과》서울: 기독지혜사, 1985.

_____. The Acts of the Apostles. Philadelphia: Westminster Press, 1971.

_____. The Acts of Apostles, 26.

_____. Die Apostelgeschiche. vol, 1. II.《사도행전주석》1.2 권. 국제 성서주석. 서울: 한국신학연구소, 1984/ 1990.

Hagner, D. A. Matthew 1-13. in Word Biblical Commentary Vol. 33 A. Dallas: Word Book, 1995.

_____. Matthew 14-28. in Word Biblical Commentary Vol. 33 B. Dallas: Word Book, 1995.

Harnack, A. V. What is Christianity? New York: Putnam, 1904.

Harrison, E. F. Interpreting Acts: The Exoandiner Church. Grand Rapids: Zondervan, 1986.

Harrisville, R. A. "Speaking in Tongues: A Lexicographical Study." CBQ 38 1976.

Haynes, S. & Mckenzie, S.《성서비평 방법론과 그 적용》김은규 • 김수남 역, 서울: 대한기독교서회, 1997.

Hendrickson, W.《마태복음 주석》김만풍 옮김, 서울: 아가페출판사, 1982.

Herzog, W. R. Parables as Subversive Speech: Jesus as pedagogue of the Oppreseed. Louiseville: Westminster John Knox Press, 1994.

Hollenbach, P. W. " John the Baptist." ABD 3 1992, 889.

Horsley, R. A. "The Kingdom of God and the Renewal of Israel." in N. K. Gottwald and R. A. Horsley eds. The Bible and Liberation, rev. ed. New York: Orbis, 1993.

Hull, J. H. E. The Holy Spirit in Acts of the Apostles. London: Lutterworth, 1967.

Hunter, Archibald M. Interpreting the Parable. Philadelphia: Westminster Press, 1960.

Jerermias, J. Jerusalem zur Zeit Jesu. G$ttingen: Vandenhoeck & Ruprecht, 1962 ;《예수시대의 예루살렘》한국신학연구소 번역실 역, 서울: 한국신학연구소, 1993.

_____. The Parables of Jesus. London: SCM Press, 1963;《예수님의 비유》허혁 역, 서울: 분도출판사, 1996.

Johnson, L. T. The Literary Function of Possessions in Luke-Acts. Missoula: Scholars Press, 1977

Kallas, J. 《공관복음서의 기적의 의미》 김득중 • 김영봉 옮김, 서울: 대한기독교 출판사, 1985.

Kasemann, E. Commentary on Romans, trans. & ed. by Geoffrey W. Bromiley. Grand Rapids: Eerdmans, 1980.

Kee, H. C. Understanding the New Testament; 《신약성서 이해》 서중석 역, 천안: 한국신학연구소, 1990.

Keener, C. S. Matthew. Downers Grove: InterVarsity Press, 1997.

Kelsey, M. T. 《치료와 기독교》 배상길 역, 서울: 대한기독교출판사, 2004.

Kingsbury, J. D. 《마태복음서 연구》 김근수 역, 서울: 기독교문서선교회, 2006.

_____. 《이야기 마태복음》 권종선 역, 서울: 요단출판사, 2003.

_____. 《설교자를 위한 선포주석》 황성규 역, 서울: 컨콜디아사, 1993.

Kittel, G. (ed.), "Farisai/oj" TDNT, vol IX.

Kloppenborg, J. S. "The Life and Saying of Jesus" in M. A. Powell ed. The New Testament Today. Louisville, KT: Westminster John Knox Press, 1999.

Koester, H. 《신약성서배경연구》 이억부 역, 서울: 은성, 1996.

Ladd, G. E. 《예수와 하나님의 나라》 이태훈 역, 서울: 도서출판 엠마오, 2001.

_____. 《하나님 나라》 원광연 역, 고양: 크리스챤다이제스트, 2005.

_____. The Presence of the future. Michigan: Grand Rapids, Wm. B. Eerdmans Pub, Co., 1974.

Lambrecht, J. Out of the Treasure, The parables in the Gospel of Matthew. Louvain: Peeters, 1991.

Lane, T. 《기독교 사상》 김응국 역, 서울: 나침반사, 1987.

Liefeld, W. L. Interpreting the Book of Acts. Grand Rapids, Baker Books, 1995.

Linnemann, E. Jesus of the Parables. New York: Harper Press, 1966.

Lohse, E. 《신약성서 배경사》 박창건 역, 서울: 대한기독교출판사, 1995.

Luz, Ulrich. The Theology of the Gospel of Matthew. Cambridge: Cambridge University Press, 1993.

Manson, T. W. Teaching of Jesus. Cambridge University Press, 1955.

_____. The Saying of Jesus. London: SCM Press, 1975; 김득중, 《복음서의 비유들》 서울: 컨콜디아사, 1988.

Marshall, L. H. The Challenge of New Testament Ethics. New York: Macmillan, 1947.

Martin, J. Louis. Galatians: A New Translation with Introduction and Commentary, The Anchor Bible 33A. New York: Doubleday, 1997.

Martin Lloyd-Jones, D. Studies in the Sermon on Mount. Grand Rapids: Wm. B. Eerdmans Publishing Co., 1996.

Matthews, V. H. Honor and Shame in the World of the Bible, Semina 68. Atlanta: Scholars Press, 1994.

McNamara, M. Intertestamental Literature,《신구약 중간시대의 문헌이해》채은하 역, 서울: 이화여자대학교출판부, 1995.

Meyer, B. F. The Aims of Jesus. London: SCM Press, 1979.

Moltmann, J.《생명의 영》김균진 역, 서울: 대한기독교서회, 1998.

Morris, Leon. The Gospel according to Matthew. Grand Rapids: Wm. B. Eerdmans Publishing Co., 1992.

Moses, A. D. A. Matthew's Transfiguration Story and Jewish Christian Controversy. JSNTSup, no.122 Sheffield: Sheffeld Academic, 1996.

Mounce, R. H. Matthew, in New International Bible Commentary. Peabody: Hendrickson Publishers, Inc., 1991.

Murray, G. R.《예수와 하나님 나라》박문재 역, 서울: 크리스챤 다이제스트, 2002.

Neusner, J. Judaism in the Beginning of Christianity. Philadelphia: fortress Press, 1984.

Nickelsburg, G. W. ed., Studies on the Testament of Moses. Missoula: Scholars, 1973.

Nolan, A. Jesus before Christianity;《그리스도교 이전의 예수》정한교 역, 왜관: 분도출판사, 1988.

Nolland, J. The Gospel of Matthew: A Commentary on the Greek Text. Grand Rapids: Wm. B. Eerdmans Publishing Co, 2005.

Otto, R. The Kingdom of God and the Son of Man, trans. F. V. Filson and B. L. Woolf. London, 1943.

Paker, J. The Concept of Apokatasis in Acts. Austin: Scholar Press, 1978.

Pammemt, M. "The Kingdom of Heaven." 232. Cf. Armin Wouters, "…werden Willen mrines Vaters tut.." ; Eine zum Verst#ndnis vom Handeln im Matth#usevangelium, Biblische Untersuchungen, Band 23. Regensburg: Friedrich Pustet, 1992.

Patrick, D. Old Testament Law. Atlanta: John Knox, 1984.

Patte, D. The Gospel According to Matthew. Philadelphia: Fortress, 1987.

Perrin, N. Rediscovering the Teaching of Jesus. N. Y.: Harper & Low, 1976.

_____. The Kingdom of God in the Teaching of Jesus. London: SCM Press, 1975;《하나님의

나라》이훈영 . 조호연 역. 서울: 솔로몬, 2002.

Perrin, N. & Duling, C. The New Testament: An Introduction;《새로운 신약 성서 개론》박익수 역, 서울: 한국신학연구소, 1990.

Pink, Arthur W. An Exposition of the Sermon on the Mount. Grand Rapids: Baker House, 1974.

Powell, M. A. What is Narrative Criticism?《설화비평이란 무엇인가?》이종록 역, 서울: 한국장로회출판사, 1993.

Reicke, B. Neutestamentliche Zeitgeschichte. Berlin: Water de Gruyter & Co., 1968;《신약성서시대사》한국신학연구소 번역실 역, 서울: 한국신학연구소, 1986.

Ridderbos H.《마태복음(상)》오광만 역, 서울: 여수룬, 1990.

_____.《마태복음(하)》오광만 역, 서울: 여수룬, 1990.

_____.《하나님 나라의 도래》김형주 역, 서울: 생명의 말씀사, 1988.

Ridderbos H. 외 3명,《구속사와 하나님 나라》오광만 역, 서울: 반석문화사, 1994.

Ritschl, A. The Christian Doctrine of Justification and Reconciliation. 영역본, New York: Scribner's, 1900.

Robinson, J. A. T. Reading the New Testament. London: SCM, 1976.

Rohde, J. Rediscovering the Teaching of the Evangelists. London SCM, 1968.

Russel, D. S. The Method and Message of Jewish Apocalyptic. Philadelphia: Westminster Press, 1964.

Saldarini, A. J. Pharisees Scribes and Sadducees in Palestian Society: A Sociological Approach, Edinburgh: T. & T. Clark Ltd, 1988.

Sanders, E. P.& Davies, M.《공관복음서연구》이광훈 역, 서울: 대한기독교서회, 1999.

Schnackenburg, R. "Erzahler Glaube: Die Geschichte vom Starken Glaubenals Geschichte Gottes mit Juden und Heiden." ZKT 107 (1985):319-332.

Schweitzer, A. The Quest Historical Jesus, London: ADAM & Charles Black, 1956.

_____. The Mystery of the Kingdom of God. London: Black, 1913.

Schweizer, E. Das Evangelium nach Matth#us, International Biblical Commentary. Guttingen: Vandenhoeck, 1976;《국제성서주석: 마태오복음》한국신학연구소 번역실. 서울: 한국신학연구소, 1992.

Scott, B. B. Here Then the Parables of Jesus. Minneapolis: Fortress Press, 1990.

Senior, D. What are they saying about Matthew? New York: Paulist Press, 1983.

Stanton, G. N.《복음서와 예수》김동건 역, 서울: 대한기독교서회, 1996.

Stein, R. H. Method and Message of Jesus Teaching, 최홍진 역《신약논문총서》서울: 학술정
보자료사, 2004.

Stendhal, K. The School of St. Matthew. Lund: CWK Gleerup, 1968.

Stott, J. R. W.《하나님 나라의 신학》정일웅 역, 서울: 한국로고스연구원, 1990.

Stuhlmacher, Peter. Der Brief on die Romer,《로마서주석》장흥길 역, 서울: 장로회신학대학
교출판부, 2002.

Talbert, C. H. Reading Luke: A Literary and Theological Commentary on the Third Gospel
New York: Crossroad, 1982.

Tenney, M. C. New Testament Survey. Grand Rapids: Eerdmans, 1961.

The Didache, X, 5, Tr. by K. Lake, The Apostolic Fathers. London: Heinemann, 1930.

Theissen G. & Annette, M. Der Historische Jesus;《역사적 예수》손성현 역, 서울: 다산글방,
2001.

_____. Studien Zur Soziologie des Urchristentums. Tubingen J.C.B Mohr, 1983;《원시 그리
스도교에 대한 사회학적 연구》김명수 역, 서울: 대한기독교출판사, 2001.

Theologie des Alten Testaments, Teil 1, 7. Auflage. Guttngen: Vandenhoeck & Ruprecht,
1962.

Tied, D. Prophecy and History in Luke-Acts. Philadelphia: Fortress Press, 1980.

Viviano, B. R. OP, "The Kingdom of God in Qumran Literature." W. Willis, ed., The
Kingdom of God in 20th-Century Interpretation.Massachusetts: Hendrickson, 1987.

Vos, Geerhardas. The Kingdom of God and the Church. Phillipsburg New Jersey:
Presbyterian, 1972.

_____. The Teaching of Jesus Concerning the Kingdom of God andChurch. New York:
American Tract Society, 1951.

Walaskay, P. W. 'And so We Came to Rome'. Cambridge: CUP, 1983.

Weber, Max. The Theology of Apocalyptic. Philadelphia: Fortress Press, 1975.

Wigrm, G. V. The Englishman's Greek Concordance. Milford: Baker Book House Co.,
1982.

Wilder, A. N. Eschatology and Ethics in Teaching of Jesus. New York: Harper, 1950.

Wilkins, M. J. Matthew: The NIV Application Commentary. Grand Rapids: Zondrevan,
2004.

Williams, D. J. New International Biblical Commentary: Acts. Peabody: Hendrickson,
1993.

Wimber John& Springer Kevin.《능력치유》이재범 역, 서울: 도서출판 나단, 1992.

Zahn, T. Introduction to the New Testament. Edinburgh: T & T. Clark, 1909.

Zehnle, R. F. Peter's Pentecost Discourse: Tradition and Lukan Reinterpretation in Peter's Speeches of Acts 2 and 3. SBLMS, 15; Nashville/ New Yo가: Abingdon, 1971.

Ziesler, J. A. "The Name of Jesus in the Apostles." JSNT4 1979.

강사문. 《구약의 하나님》 서울: 한국성서학연구소, 1999.

강병도. 《성경연구시리즈12. 누가복음-요한복음》 서울: 기독지혜사, 1999.

_____. 《성경연구시리즈13권.사도행전-로마서》 서울: 기독지혜사, 1999.

_____. 《카리라스종합주석6. 누가복음1-8장》 서울: 기독지혜사, 2006.

_____. 《카리스종합주석12: 사도행전1-9장》 서울: 기독지혜사, 2006

_____. 《카리스종합주석. 13권》 서울: 기독지혜사, 2006.

_____. 《호크마종합주석. 7》 서울: 기독지혜사, 1997.

권종선. "마태복음에 나타난 행함."《복음과 실천》37, 2005. 봄

_____. 《기독교대백과사전》 기독교백과사전편찬위원회 15. 서울: 기독교문사, 1989.

김광수. 《마가 마태 누가의 예수 이야기》 대전: 침례신학대학교 출판부, 1997.

김경진. 《대한기독교서회 창립100주년기념 성서주석: 사도행전》 서울: 대한 기독교서회, 1999.

김득중. 《마가의 부활신학》 서울: 컨콜디아사, 1981.

_____. 《복음서의 이적해석》 서울: 도서출판 컨콜디아사, 1996.

김세윤. 《구원이란 무엇인가》 서울: 두란노아카데미, 2008.

_____. 《예수와 바울》 서울: 참말, 1993.

김수홍. 《사도행전주해》 서울: 기독교 연합신문사, 2009.

김용환. 《성경성구대사전 1》 서울: 도서출판 로고스, 1996.

_____. 《로고스 성경성구대사전1권》 서울: 도서출판 로고스, 1996.

김창선. 《쿰란문서와 유대교》 서울: 한국성서학연구소, 2002.

김희성. 《마태복음의 하나님의 나라》 부천: 하나님의 나라 성서연구소, 2009.

_____. 《신약의 배경사》 서울: 대한기독교서회, 2006.

_____. 《신약주석 방법론》 서울: 한들출판사, 2000.

나겸일. 《성령 이해의 길잡이》 서울: 쿰란출판사, 1997.

나요섭. "나라가 이 땅에 임하옵시며."《신학과 목회 13》 경산: 영남신학대 학교, 1999.

류형기. 《성서사전》 기독교대한감리회 총리원 출판부, 1970.

목회와 신학 편집부 엮음. 《사도행전 어떻게 설교할 것인가》 서울: 두란노 아카데미, 2003.

문효실. 《성령론과 현대교회》 서울: 크리스챤서적, 2010.

박수암.《마가복음 13장과 마가복음》서울: 장로회신학대학출판부, 1993.

_____.《마태복음》서울: 기독교서회, 2004.

_____. 산상보훈》서울: 대한기독교서회, 1990.

박윤선.《성경주석 공관복음》서울: 영음사, 2003.

박형룡.《복음 비평사》서울: 성광문화사, 1985.

_____.《주해 사도행전》서울: 성광문화사 1981.

배본철. "해방 이전〈신학지남〉의 성령론."《크리스천투데이》2003년 10월 23일자

배종수. "새로운 천년을 위한 팔복 연구."《성경과 신학》27. 한국복음주의 신학회, 2000.

서용원.《마가복음과 생존의 수사학》서울: 대한기독교서회, 2003.

_____.《생존의 복음: 초기 기독교의 신앙과 복음해석에 대한 탐구》서울: 한들출판사, 2000.

_____. "사도행전에 나타난 초대교회의 역사와 신학."《사도행전 세미나 자료집》호서대신학대학원, 1999.

_____.《사도행전과 초대교회의 복음운동》충북: 다일아카데미, 2001.

_____.《최근의 사도행전 연구》천안; 호서대학교연합신학대학원, 2002.

_____. "누가–사도행전에 나타난 성령의 역할 이해."《영산 조용기 목사 성역 40주년 기념 논총 2》서울: 서울말씀사, 1996.

서중석.《복음서해석》서울: 대한기독교서회, 2007.

서철원.《하나님의 나라》서울: 충신대학교출판부, 2001.

성종현.《신약성경연구》서울: 장로회신학대학교 출판부, 1994.

_____.《신약총론》서울: 장로회신학대학교출판부, 2001.

신성종.《신약신학》서울: CLC, 1981.

_____.《신약신학》서울: 기독교문서선교회, 1981.

안은종.《성경인물연구》서울: 도서출판 램란트, 1997.

양용의.《하나님의 나라를 어떻게 이해할 것인가》서울: 성서유니온선교회, 2005.

여주봉.《성령 사역의 회복》용인: 새물결출판사, 2001.

오덕호.《산상설교를 읽읍시다》서울: 한국신학연구소, 1999.

오원준.《청지기 성경사전》서울: 도서출판 시온성, 1995.

유상섭.《마태복음 어떻게 설교할 것인가?》서울: 두란노아카데미, 2009.

유상현.《사도행전 연구》서울: 기독교서회, 1996.

유태엽.《요세푸스와 신약성서》서울: 대한기독교서회, 2002.

윤철원.《사도행전 다시 읽기》서울: 한국 성서학 연구소, 2006.

_____.《사도행전 내라티브 해석》인천: 도서출판 바울, 2004.

이상근.《마태복음》서울: 총회교육부, 1983.

이용규.《한국 교회와 신유운동》서울: 쿰란출판사, 2006.

이종성.《교회론 Ⅰ》서울: 대한기독교출판사, 1992.

이한수.《신약이 말하는 성령》서울: 성광문화사, 1990.

_____.《신약은 성령을 어떻게 말하는가》서울: 이래서원, 2001.

장흥길.《신약성경윤리》서울: 장로회신학대학교 출판부, 2002.

전경연. "메타노이아와 하나님의 나라."《신학논문총서》서울: 학술정보자료사, 2004.

정우홍.《마태복음 강해(상)》서울: 그리심, 2009.

_____.《마태복음 강해(하)》서울: 그리심, 2009.

정훈택.《천국은 어떻게 오는가?》서울: 도서출판 대장간, 1991.

조영모.《누가와 바울이 말하는 성령과 하나님 나라》용인시: 킹텀북스, 2010.

조용기.《불같이 생수같이》서울: 서울말씀사, 2004.

_____.《성역50주년기념 신약성경 강해전집10 사도행전1》서울: 서울말씀사, 2008.

최갑종.《예수.교회.성령》서울: 기독교 문서선교회, 1992.

편찬위원회.《장별요약강해. 사도행전-에베소서》홍신숙 옮김. 서울: 목원 출판사, 1995.

한규삼. "누가복음 해석의 다양한 방법론."《기독교사상》제474호.(1998): 84.

황승룡.《성령론》서울: 한국장로교출판사, 1997.

저는 일반 대학교를 다닐 때까지 예수님을 몰랐습니다. 대학 다닐 때, 친구였던 아내(박사라 사모)의 전도를 받아 예수님을 알게 되었습니다. 처갓집은 4대째 기독교 집안으로 예수님께 온 삶을 헌신한 가정이었습니다. 그렇게 놀라운 하나님의 은혜로 구원을 받게 되었고, 소명을 받아 신학 공부를 하고 목사가 되어 하나님의 말씀을 전하게 되었습니다.

저에게는 가장 감사한 세 분의 멘토가 있습니다.

첫 번째는 제 장모님이신 부여기도원 김선희 원장님이십니다. 시대적인 신유 사역자로서 수만 명의 각종 질병을 치유하며 전도하심으로 한국 기독교 역사에서 길이 남을 분이시고, 저로선 특히 존경하고 사랑하는 장모님이십니다. 7년간 부여기도원에서 전도사로 섬기며 치유와 회복을 직접 보고 경험함을 통해, 저 역시 장모님을 통해 하나님의 살아계신 역사를 느끼며 목회자로서 성장할 수 있었던 것은 너무나 큰 은혜와 축복이었습니다.

두 번째는 저에게 신학을 정립해주시고 말씀으로 터를 닦아주신 호서대 (전)부총장 서용원 박사님이십니다. 부총장님의 사랑과 지도로 박사과정을 거치며 귀한 학위를 받을 수 있었고, 박사님의 많은 가르침은 제게 흔들리지 않는 믿음과 목회의 바탕이 되었습니다.

세 번째는 35년 넘게 저를 영적 동생으로 삼으시고 친형님처럼 같이 해주시는 장경동 목사님이십니다. 장경동 목사님과 15년째 한국과 세계를 다니며 행복나눔 전도축제 부흥회(이 책 초판 발행 시점으로 현재 758회 진행 중)의 강사로 섬기고 있는데, 집회를 통해 많은 영혼이 전도되는 놀라운 은혜를 매주마다 경험하게 되어 참 기쁘고 감사합니다.

그리고 저를 전도해서 구원받게 하고, 믿음을 심어주고, 사랑해주고, 아내가 되어주고, 예쁜 딸을 다섯이나 낳아준 나의 반쪽 사랑하는 박사라 사모로 인해, 예전에도 행복했고 지금도 행복하며 나중에도 행복할 것입니다.

내게 주신 하나님의 기업인 다섯 딸들과 사위들과 손주들을 통해 가정에 웃음이 떠나지 않음에 감사하며, 교정과 출판에 도움을 주신 귀한 분들께 감사드립니다.